ビジネスでも、資格取得でもすごい効果！

現役東大生がこっそりやっている頭がよくなる勉強法

「頭がいい」と言われる人は、勉強法も賢い！

清水章弘［著］
Akihiro Shimizu

PHP

はじめに

はじめまして、清水章弘と申します。

東京大学の大学院（教育学研究科）で研究をしながら、教育系ベンチャー企業を経営しています。

仕事内容といたしましては、学習塾の経営、教育委員会や学校のコンサルティング、教材開発、執筆・講演活動など多岐《たき》にわたっておりまして、「教育事業全般」です。

メインの仕事は学習塾（「勉強のやり方」を教える塾・プラスティー）の経営です。

大学院で「学び」について考え、それを仕事の現場で活かし、さらにそれを研究にフィードバックするという毎日を送っています。

普段は全国の学校を講演で回ったり、東京の学習塾で中学生・高校生に「勉強のやり方」を指導していますから、「大人のための」というお仕事は初めての試みになります。

「社会人向けの勉強法の本を出してみませんか？」という声をおかけいただいたときは、正直戸惑いました（今でも少し戸惑いはあります）。

しかしながら、ＰＨＰ研究所の次重浩子様、編集の髙木繁伸様の励ましやご指導もあり、このような形で出版することができました。ありがとうございました。

この本の中には、「勉強法」以外に、僕が仕事に活かしている「仕事術」も少し入っています。

それらの「仕事術」が生まれた背景には、数々の僕の失敗がありました。

ちょうど5年前、右も左も分からないまま、僕は20歳で会社を作りました。

当然のことながら、ビジネスマナー等に関して、いろんな方々に叱っていただきました。

困ったときは先輩方に教えていただきました。

お仕事をご一緒させていただく中で、クライアントの方々に育てていただきました。

まだまだ年商1億円程度の小さなベンチャー企業ですが、このようなご指導の下、少しずつ育っていくことができました。事業の大きな失敗を経験せずにここまでこられたのは、支えてくださった方々のおかげです。

とはいえ、「仕事術」は自分で編み出すしかありませんでした。

もちろん、書店で並んでいるような本は読みましたが、業種や立場、仕事内容の違いからピンとこないことも多くあったのです。

そこで考えたことは、「ひょっとしたら、今まで経験したアレの中に、ある程度仕事に活かせるノウハウもあるのかもしれない」ということ。

経験した「アレ」とは、受験勉強のこと。

あれだけ一生懸命に勉強したわけだから、そこで経験したことの中に「仕事にも活かせること」が含まれているかもしれないと考えたのです。

かつて受験勉強で学んできたことのうち、仕事にも活かせることは、意外にも多くありました。

メモの取り方は、ノートの取り方を応用しました。

プレゼンテーションや講演会の準備は、授業の予習方法から学びました。

会議の進め方は、効率的な復習方法から思いつきました。

本書には、勉強法以外に、このような「勉強法っぽい仕事術」も入っています。

「これを仕事に活かすには無理があるでしょ……」というものもあるでしょう。

そういったときは「25歳の若造は、こうやって仕事術を編み出して生き抜こうとしてるんだな」と優しく笑って読み飛ばしていただけたら幸いです。

ただ、勉強法に関しては、かなり効果的・効率的なものが含まれていると思います。

資格試験だけでなく、日々の勉強に活かしていただけたら幸いです。

「勉強法」と「勉強法っぽい仕事術」という、今までにない新しい本になりましたが、何かひとつでも皆さまのお役に立てることがあるとすれば、これ以上の喜びはありません。

さらに詳しい勉強法に興味がある方は、拙著『自分でも驚くほど成績が上がる勉強法』（実務教育出版）へ進んでいただけたら幸いです。

お読みいただけて光栄です。心より感謝申し上げます。

２０１３年　春

清水章弘

現役東大生がこっそりやっている、頭がよくなる勉強法

もくじ

3時限目 やる気が長続きしない！ ——持久力を高めるための思考法

4時限目 勉強する時間がない！ ――ムダを作らない時間管理術

5時限目 どうしたら効率よく勉強できますか？ ――人・モノを賢く活用する方法

1
時限目

頭に入らない！すぐに忘れる！

——理解力、記憶力を高める方法

1

ノートを取るときは、覚えてから書く

話を聞きながら覚えてしまおう！

僕は年間300冊くらいの本を読みます。ビジネス書のみならず、教育学の専門書、各教科の指導に関する本、雑誌など、読む本は多岐にわたっています。

本を用いて勉強や読書をしていて、大切なところ、気をつけるところはノートに書き出すようにしていますが、そのノートの取り方で気をつけているところがあります。

それは「丸写ししない」ということです。

丸写しをしていると、頭に入っている「つもり」になってしまいます。ですので、「理解して自分の言葉に加工してから書く」もしくは「覚えてから書く」ようにしています。

ちょっと難しいことも、理解して「要するにこういうことだよね」と自分の言葉にしてから、ノートに書く。

また、本のページを見ながらノートに「丸写し」するのではなく、写したいものを3回読んで、覚えてから書く。

このようにすると、頭に残りやすくなります。

実は、このやり方ですが、中学・高校時代に父親に習った「ノートの取り方」を応用して編み出しました。

当時の僕は、勉強よりも、サッカー部や生徒会、応援団などの活動に夢中でした。でも、「勉強もできたら、かっこいいよなあ」と思い、勉強をがんばり始めたのですが、なにしろ忙しくて時間がない。すると父が、

「時間がないなら、授業中に全部覚えてしまえばいいじゃないか」

と言ったのです。

そんなことできるわけがない、と反論すると、

「口の中で板書を3回読んで写せばいいんだよ」

とアドバイスされました。

翌日、学校で試してみて、びっくり！　スイスイ頭に入るのです。とくに社会や理科など、暗記科目にはうってつけでした。

3回読んでから、さらに、黒板を見ないでノートに書くようにすると、ますます覚えられるようになりました。

能動的に聞けば、頭の中に定着する

なぜ、この方法が効果的なのでしょうか？

黒板の文字をノートに写すとき、たいていの人は「黒板を写す作業」に没頭していきます。黒板を見ながら、丸写しするだけなので、その場では覚えられません。これだと、「受け身で聞いているだけ」になります。

でも、**3回繰り返し読むことで、「内容を覚えよう」と〝能動的に〟話を聞くことができます。**

さらに、それを見ずにノートに書くと、覚えているかどうかを確認しながら進められるため、その場で復習もできてしまう、というオマケつきです。

もちろん、これは本のメモだけでなく、勉強会や研修・講義の板書を写すときにも応用可能です。

その場で覚えられるだけでなく、その場で復習までできるので、お得なやり方だと思います。

時間がない方、もしよろしければ使ってみてください。

話の内容をその場で頭に入れるトレーニング

平城京と平安京の違いについて
説明しましょう。
ひとつは…
平城京と平安京の違い
①～
頭の中で
3回繰り返す

頭に入ったところでノートを取る

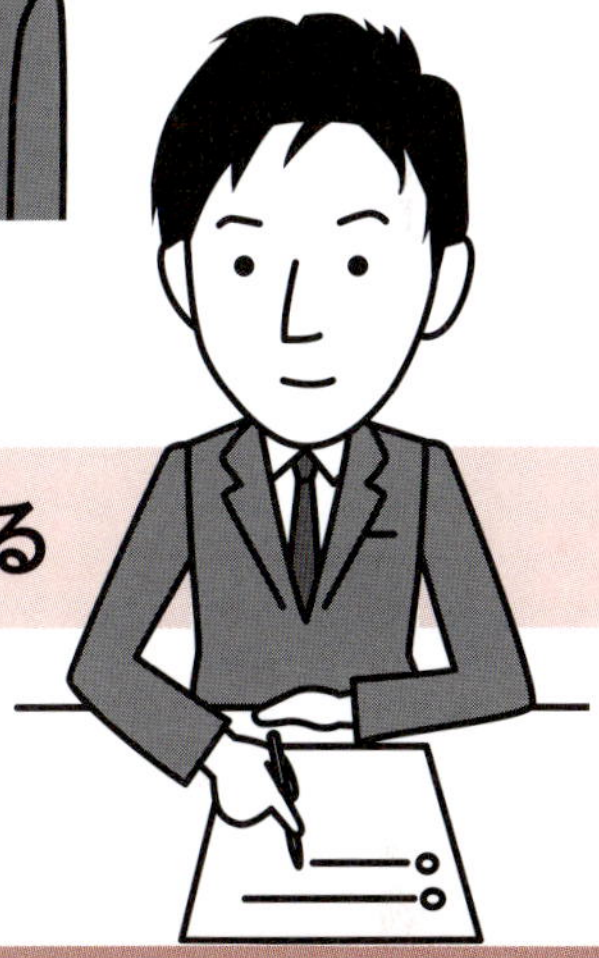

その場で覚えられて、復習までできる！

これで
バッチリ!

ここがポイント！

能動的に話を聞くようになるので、頭に残る

2 ノートは右側に線を引いてから使う

授業を聴きながら「やるべきこと」を記しておく

学生時代、僕はノートの取り方をいろいろと工夫していました。

「TO DOリスト」もそのひとつです。

ノートの右側のはしっこに、1本線を引き、その欄に、授業が終わってからやることのリストを書くのです。

書いていた内容は、以下のとおり。

① 質問したいこと

授業中に分からなかったことで、あとで友人や先生に質問したいこと。いつ、誰に聞くかも書いておく。

② 調べたいこと

授業を聴きながら、もっと詳しく知りたいと感じたことや、不思議に思ったこと。本を読むか、インターネットで調べるか、人に聞くかなど、調べ方まで書けたら書く。

③ 次回の持ち物、宿題など

次の授業で持ってくるもの、宿題（いつまでに、と期限も書く）などの連絡事項。

授業が終わり、あとでこのノートを開くと、授業内容とともに、自分が感じた疑問や興味がよみがえり、「あぁ、これをやるんだったな」とすぐに分かるので、とても重宝しました。

「誰に」「いつまでに」などを明確に設定すること

じつは僕、恥ずかしながらこれをいまだに続けているのです。

たとえば、打ち合わせでメモを取るときには、右側に1本線を引いておき、そこに、TO DOリストを書いています。

① やるべき課題

まず、打ち合わせで決まった「自分のタスク」を書きます。「○月○日までに△△を××さんに提出」など、必ず締め切りも書いています。

② あとで確認したいこと

打ち合わせをしていて疑問に思ったこと、あとで誰かに確認する必要のあること、などをメモします。できれば、いつ、誰に確認するのかまで書いておきます。

③ アイディアなど

打ち合わせ中に思いついたアイディアをメモしておきます。それをどう行動に移すか、次の目標まで書けるとよりいいです。

このTO DOリストのポイントは、「あとで調べる」だけでなく「誰に、いつ確認するか」「資料を作る」だけでなく「いつまでに作るか」などと、**期限や対象を明確に設定している**ことです。

「あとでやる」だけでは、そのまま放置してしまう可能性もあります。

でも、「誰に」「いつまでに」と具体的に設定することで、次に取るべき行動が明確になり、着実に実行に移せるようになります。

僕は社内の会議などのときは、スケジュール表を開き、その仕事を実行する予定を、その場で書き込むようにしています。

「TO DOリストは、いつも作るんだけど、半分もやらないで終わっちゃうんだよねぇ……」

という人も、「期限付き」TO DOリストなら実行に移せるようになるのではないでしょうか？

役に立つTO DOリスト

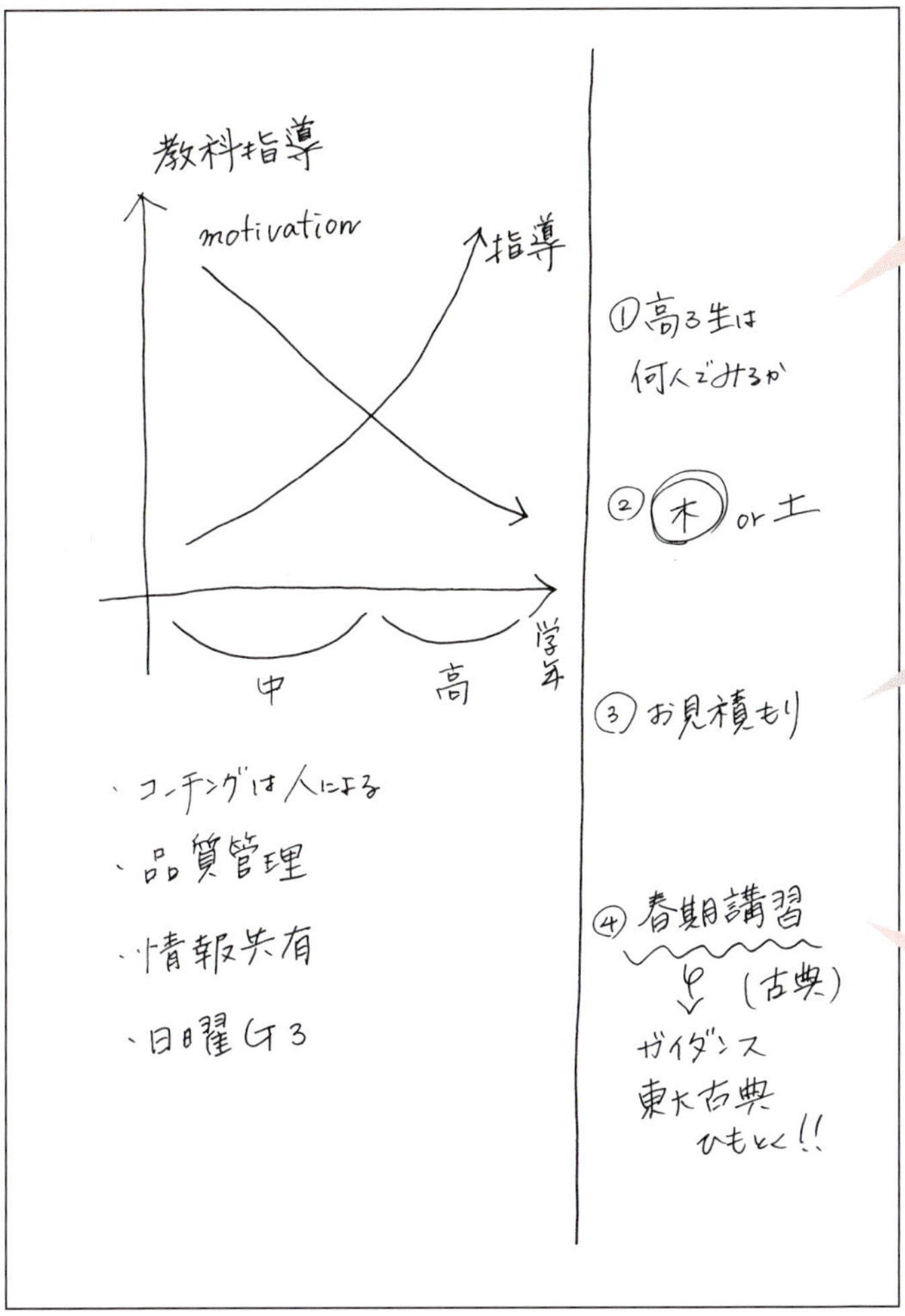

あとで確認したいこと
（いつ、誰に確認するかも書いておく）

やるべき課題
（打ち合わせや会議で決まった自分のタスク。必ず期限も書いておく）

アイデアなど
（どう行動に移すか、次の目標まで書けると理想的）

ここがポイント！

「いつまでに」「どうやって」など、
期限や対象を明確にすることで、着実に実行できるようになる

3 暗記したいことは「消える化」させる

重要なところが「消える」ノートを作ろう

ビジネスではよく、「見える化」という言葉を使います。見えにくい作業を見えるようにすることで、問題や課題を認識しやすくすることですよね。

でも、暗記系のノートを作るときは逆、つまり**「消える化」するのがおすすめです。**

僕は、中学・高校時代に「消える化ノート術」を実践することで、集中して授業を聴き、効果的に復習することができました。

ノートを取る機会は、ビジネスの現場ではあまりないかもしれませんが、資格試験の勉強をしたり、語学の勉強をしたりと、いろいろと応用は可能です。

そんなときに、ぜひ役立ててほしいノウハウです。

やり方はとてもシンプルです。

① オレンジ色のボールペンと、赤いシート（「暗記マーカー」についているシートか、赤の半透明下敷き）を用意する。

② 講義中に、講師の言葉や板書のうち、「重要だな」というところをオレンジ色のペンで書く。

③ 講義が終わったら、ノートに赤いシートをかぶせ、消えた部分（オレンジペンで書いた部分）を復習しながら覚える。

たったこれだけですが、効果は絶大です！

今、私がお手伝いさせていただいている、いくつかの学校でも、この方法を取り入れて、ものすごく成績の上がったクラスがあるのですから。

オレンジペンを使うと手間も時間も短縮できる

会社の研修でも、勉強会でも、語学の講義でもいいのですが、授業を受ける機会があったら、ぜひ、この方法でノートを取ってみてください。

消しゴムで消せないオレンジペンで書くことで、ちょっとした緊張感も生まれるので、授業を集中して聞くことができます。

それに、「あとでノートをまとめればいいや」という気持ちだと、受動的にノートを取ってしまいますが、オレンジペンを使うと、**「今まとめよう」という気持ちになり、しっかりノートが取れます。**

すると、あとでまとめる手間や時間が省けるようになり、大幅にコストカットできます。

授業や研修が終わったら、その直後に、赤シートをかぶせてチェックしてみましょう。

さて、どのくらい覚えていると思いますか？

たった今、聞いたはずのことなのに、30〜40％くらいしか答えられない、ということが意外に多いのです。

そのまま時間がたってしまったらどうなるか……？

ちょっと想像するのがコワいですよね。

学んだことを頭にしっかり定着させ、勉強の能率をアップさせるためにも、ぜひ、この「消える化ノート術」を試してみてください。

「消える化ノート」の作り方

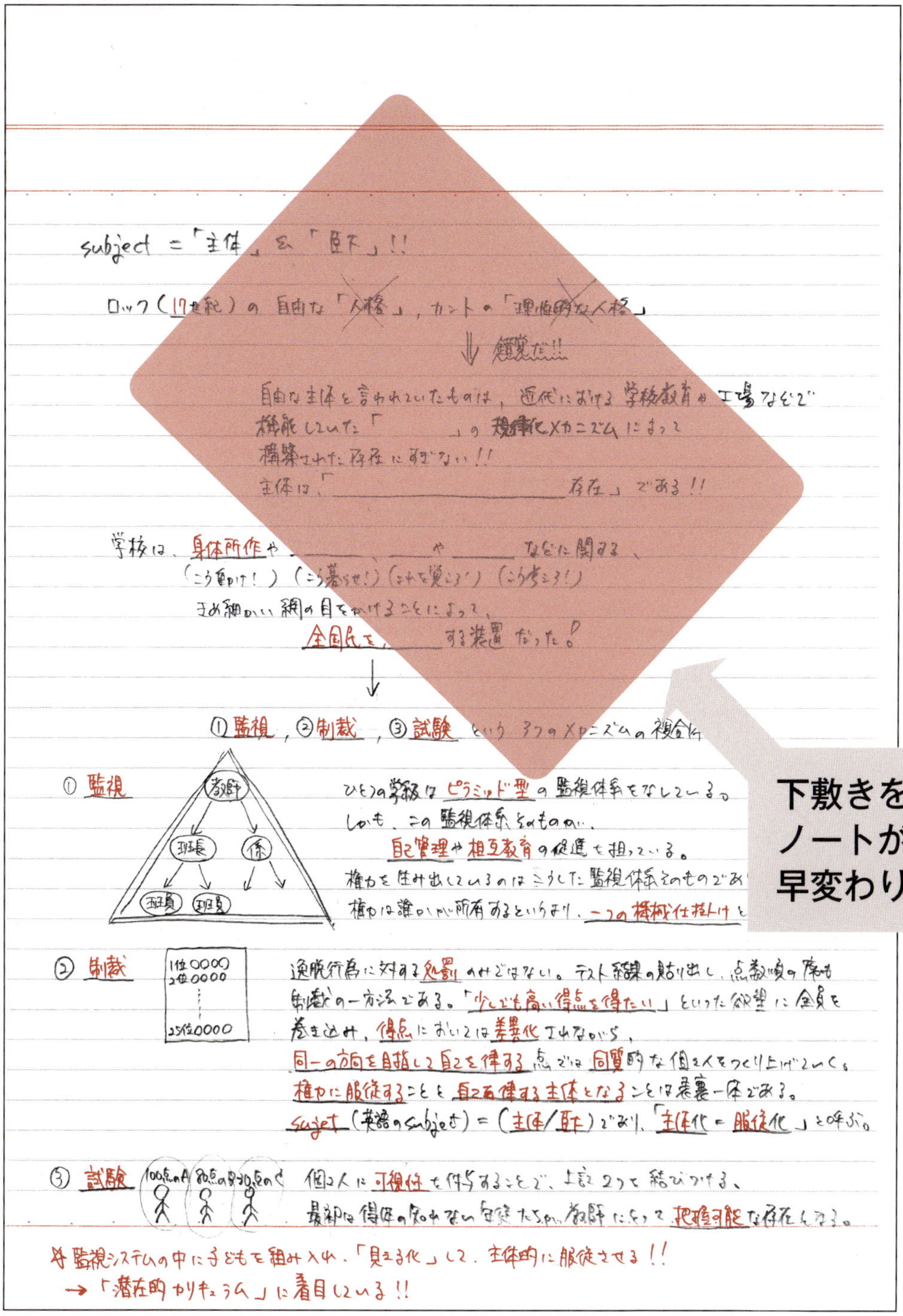
subject＝「主体」&「臣下」!!

ロック（17世紀）の自由な「人格」，カントの「理性的な人格」

⇓ 錯覚だ!!

自由な主体と言われていたものは，近代における学校教育や工場などで
機能していた「　　　」の規律化メカニズムによって
構築された存在にすぎない!!
主体は「＿＿＿＿＿＿存在」である!!

学校は、身体所作や＿＿＿、＿＿＿や＿＿＿などに関する、
（こう動け！）（こう暮らせ！）（これを覚えろ！）（こう考えろ！）
きめ細かい網の目をかけることによって、
全国民を＿＿＿する装置となった!

↓

①監視，②制裁，③試験 という3つのメカニズムの複合体

①監視

教師
班長　係
班員　班員

ひとつの学級はピラミッド型の監視体系をなしている。
しかも、この監視体系そのものが、
自己管理や相互教育の促進を担っている。
権力を生み出しているのはこうした監視体系そのものであ…
権力は誰かが所有するというより、一つの機械仕掛けと…

②制裁

1位〇〇〇〇
2位〇〇〇〇
⋮
25位〇〇〇〇

逸脱行為に対する処罰のみではない。テスト結果の貼り出し、点数順の席も
制裁の一方法である。「少しでも高い得点を得たい」といった欲望に全員を
巻き込み、得点においては差異化されながら、
同一の方向を目指して自己を律する点では同質的な個々人をつくり上げていく。
権力に服従することと自己を律する主体となることは表裏一体である。
sujet（英語のsubject）＝（主体／臣下）であり、「主体化＝服従化」と呼ぶ。

③試験

100点のA　80点のB　40点のC

個々人に可視性を付与することで、上記2つを結びつける。
最初は得体の知れない生徒たちが、教師にとって把握可能な存在となる。

☆監視システムの中に子どもを組み入れ、「見える化」して、主体的に服従させる!!
→「潜在的カリキュラム」に着目している!!

下敷きをかぶせると、
ノートが問題集に
早変わり!!

ここが
ポイント！

オレンジペンノート術で手間も時間も短縮！

4

〝あとで使える〟ノートの書き方

自分の考えを文字にすることで頭が整理される

手帳は持たない僕ですが、B５のノートかスケッチブックは常に１冊、持ち歩いています。

打ち合わせの内容も、会議のたたき台も、読書のメモも、書くのはすべて、これ１冊。「打ち合わせ用」などと、目的別にノートを分けると、かさばりますし、「この間の○○は、どこに書いたっけ？」となるのが面倒なので、あえて１冊に絞《しぼ》っています。

僕は、基本的に「手書き派」で、ノートにはいろんなことを書きます。

読書中に「これは仕事に生かせるな」と思ったことをメモしたり、「会社にこんな仕組みを導入したい」とアイディアがひらめいたら、それを書きだしたり……。

書くことで頭の中を整理し、「見える化」していくのです。ノートは、いわば僕の思考の表象といえます。

自分の考えを文字にする、というのは、頭の中を整理するために大変有効です。

頭の中でぼんやりと考えていたり、ぐちゃぐちゃになっていることでも、言語化すると整理され、思考のたたき台になるからです。

そのまま配れるほどきれいに書く

仕事の際、ノートを書くとき、僕が気をつけていることがいくつかあります。

① 矢印で文章をつながない

接続詞の代わりに、「→」（矢印）を入れることってありますよね。

僕は「→」を入れたら、必ず脇に文字を入れます。「こうすると」とか「こうなるから」などと、言葉を補《おぎな》って、この矢印がどういう意味かを明確にしておくのです。

「→」だけだと、論理の展開が不明瞭で、あとで意味が分からなくなってしまうことがよくあるからです。

うちの会社では、会議の議事録などで「→」（矢印）で文章をつなげるのは禁止にしています。

② なるべく図で書く

ノートに書く目的は、頭の中にある混沌《こんとん》としたものを整理するためなので、自分の考えを俯瞰《ふかん》するためにも、なるべく図にして表すようにしています。

③ きれいに書く

「頭の中を整理するために書くんだから、走り書きでもいいんじゃないか？」と思われるかもしれませんが、あとで分からなくなったら意味がないので、きれいに書きます。

また、僕は書いたことを社内で配ることが多いのですが、あとでパワーポイント等でまとめ直すのは時間の無駄になるので、他人が読んでも分かるようにきれいに書き、そのままコピーして配ったり、スキャンして共有したりしています。

④ 定期的に見返してツッコミを入れる

僕は、このノートを持ち歩き、しょっちゅう見返しています。そしてどんどんツッコミを入れていきます。ノートに書いたかつてのアイディアを見返すと、新しいアイディアが生まれたりするものです。

頭の中を整理するノートの書き方

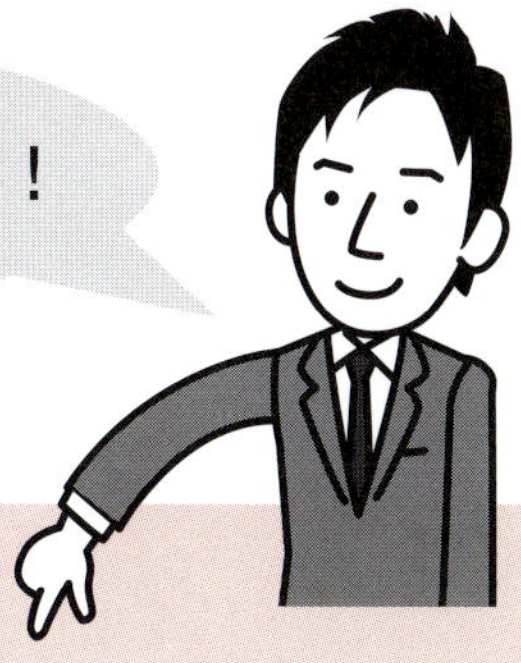
資料作りにも使えます！

① 矢印（→）で文章をつなぐのは禁止

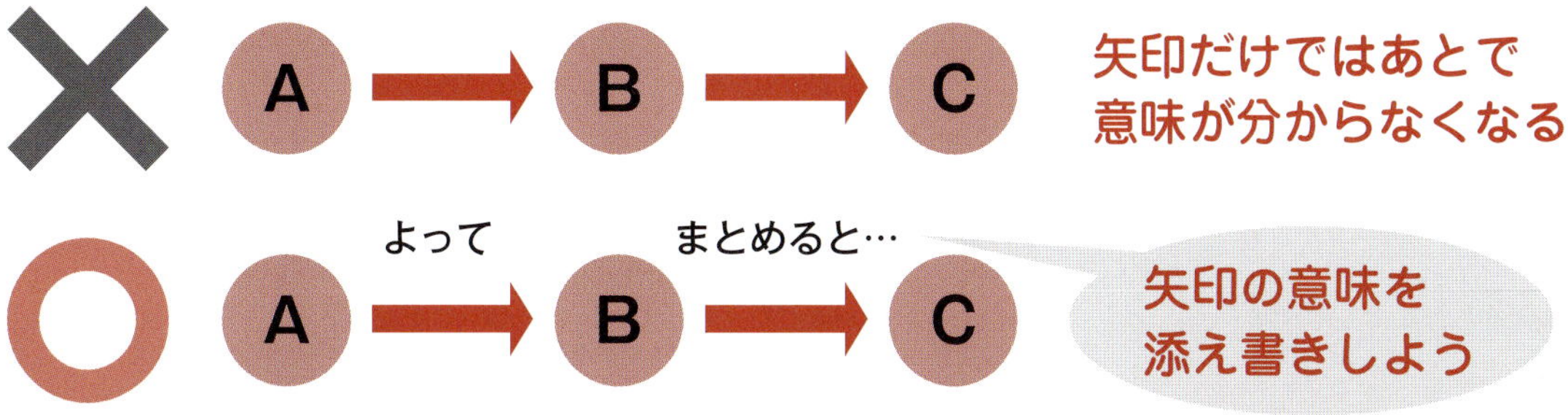
A
B
C
矢印だけではあとで
意味が分からなくなる
よって
まとめると…
A
B
C
矢印の意味を
添え書きしよう

② なるべく図で書く

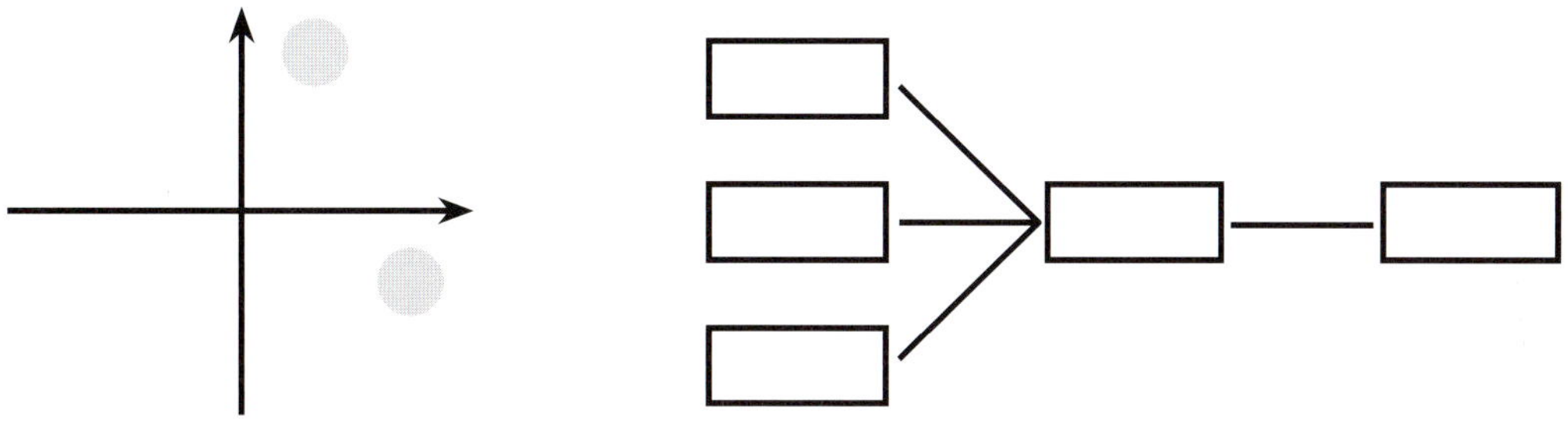

③ きれいに書く

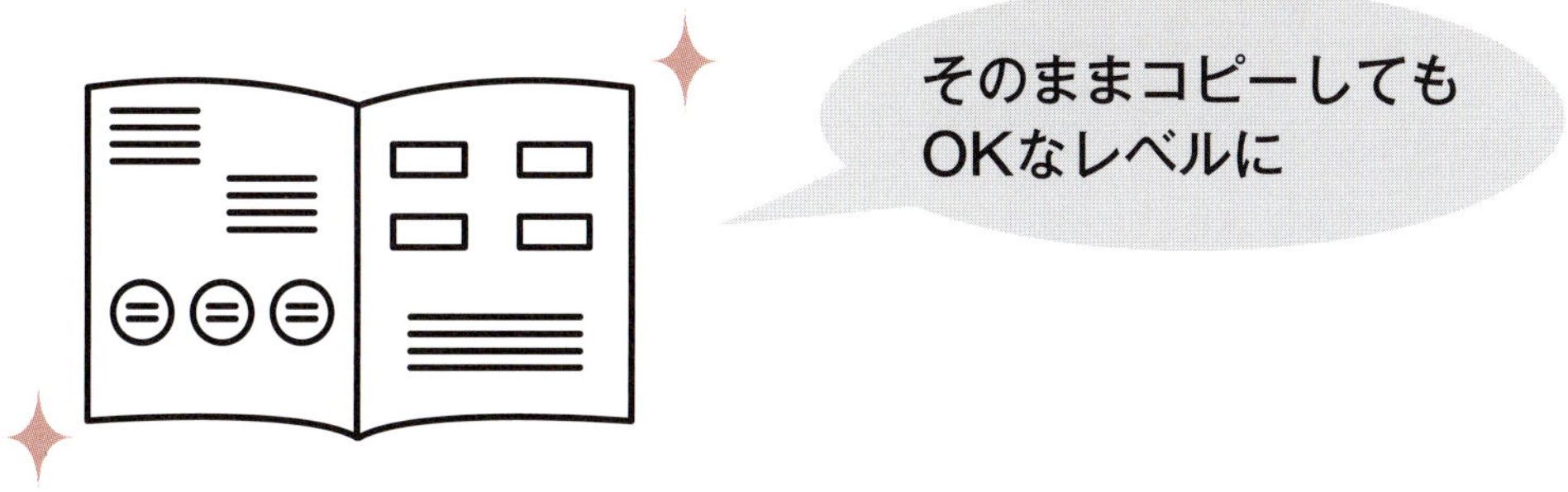
そのままコピーしても
OKなレベルに

ここがポイント！

人に見せる前提で書けば、「あとで見ても意味不明」を防ぐことができる！

5

復習のコツは「その日、次の日、日曜日」

東大生が優れているのは、「忘れっぽい」ことを自覚しているから

「ずいぶん時間をかけて勉強しているのに、身につかないなあ。俺もトシかな」

「学生のころは、もっと覚えられたのに！」

語学や資格試験の勉強をしながら、また、仕事の知識を必死で覚えようとしながら、こんな思いに駆《か》られることはありませんか？

時間をかけているのに、できない。

それは、決して「年のせい」だけではありません。

小学生のように、どんどん丸暗記するのは無理でも、効果的な覚え方をすれば、誰でも勉強したことが身につくようになります！

こう断言するのは、じつは、東大に入学して衝撃的な出来事があったからです。

僕のある友人は、東大生の中でも、かなりの成績優秀者でした。成績は「優」ばかり。

彼は学校帰りに図書館で勉強していました。

そんな彼に、ある日、「どうして、そんなに勉強しているの？」と聞いたことがあります。すると彼は、「俺はバカだから、習ったことをすぐに忘れちゃうんだよね」と言ったのです！

本当に恐れ入りました。

彼ほどの優秀な人でも、自分のことを「忘れっぽい」と思っている。だからこそ、それほど勉強をしていたのですね。

1回で覚えるのはムリ。東大生でも3回繰り返している

周囲の東大生に聞くと、中学・高校時代は、**1冊の問題集を「3回」解くのが基本だと考えている人が多いようです。**

1回では忘れてしまうから、3回繰り返して復習をすることで、知識や方法を頭に定着させるのですね。

「東大生は頭がいい」とよく言われますが、それは「人間は頭が悪いから、繰り返しやらないと覚えられない」という事実をよく知っているからではないかと、僕は思います。

どんなに優秀であっても、人間は必ず忘れます。だから、「忘れる」ことを前提にして、自分で工夫しなければなりません。

つまり、身につけたいことは、何回もやる。1回にかける時間を長くするのではなく、回数を増やすことが大事なのです。

また、復習はタイミングも重要です。

ドイツの心理学者・エビングハウスによる「忘却曲線」という研究結果があります。それによれば、人は覚えた20分後には約42％を忘れ、1日たつと、約74％も忘れてしまうのだそうです。

この忘却を防ぐためには、タイミングよく復習しなければなりません。

一般には、「1日後、その1週間後、2週間後、その1ヵ月後」が復習によいと言われますが、これだと忘れそうなので、僕は

「その日、次の日、日曜日」

というキャッチコピーを作りました。

たとえば、月曜に覚えたことは、当日の夜と火曜日、時間がたっぷり取れる日曜日（週末）に復習をするのです。これなら、できそうですよね！　なお、最初に覚えた日が週末であるときは、3回目は翌週末になります。

1回でカンペキに覚えようとする必要はなく、8割程度でもOK。とにかく回数をこなすこと、復習のタイミングを逃さないことが、「身につける」コツです。

復習は「その日、次の日、日曜日」

月曜日

その日に復習したら…（１回目）

火曜日

時間がないから
通勤の電車内で！

次の日にすぐ復習（２回目）

日曜日

もう一度復習（３回目）

ここがポイント！

人間は必ず忘れるもの。覚えたいことは繰り返し頭に入れる！

6 仕事での「予習」は「マニア」になる！

「予習」をするのは「イイ気分」を味わえるから

大学時代、ある教授がこんな話をしてくれました。

「東大生は面白い。必ず配るレジュメにサーッと目を通して、概要を把握してから授業を受けている。別の大学でも同じレジュメを配っているが、こういうことがない」

教授いわく、予習という行為は「東大生の体に染み付いている習慣」だとか。

何かの習慣を続けているとき、その背景には必ず「成功体験」があります。予習から得られる「成功体験」とは何なのでしょうか。

考えてみて、それは「イイ気分を味わえるようになる」ことだとわかりました。

予習を続けていくと、授業中に「分かった！」という気分を多く感じることができるようになります。この「イイ気分」は、勉強を続けるモチベーションに変わります（「分かる喜び」は心理学では「内発的動機づけ」と呼ばれ、継続性のあるモチベーションだと言われています）。勉強を続けるとテストで良い点が取れます。するとさらにモチベーションが上がり、もっとやりたいと思うようになります。

予習は、モチベーションの「正のスパイラル」を作るのです。

授業が面白くなる

では、予習はどうやれば良いのでしょうか。僕は、予習のやり方をとてもシンプルに考えています。

それは、「分かるもの」と「分からないもの」を分けるということです。

予習は「予《あらかじ》め習う」と書きます。授業をイメージしながら、シミュレーションをしてみるのです。具体的には、授業やセミナーで扱う本やテキストに目を通しておきます。

その際に、「分かるもの」と「分からないもの」を分けておくのです。疑問点が出れば目的意識を持って授業にのぞめますし、メリハリを持って授業を受けられます（人間が集中できる時間は30分といわれています）。

さらに「分からないもの」について「自分なりの答え」を用意しておくことができれば、ベストです。先生と自分との違いが分かりますから、授業の理解は深まるでしょう。

中高時代に「予習の味」をしめた僕は、仕事でも予習を意識しています。

初めてお仕事をご一緒させていただくクライアント様のことは徹底的に調べ上げます。

例えば、2年前に初めて東広島市（広島県）で講演をさせていただいたときは、広島県に関する本を読みあさってから行きました。広島出身の有名人とか、東広島市の歴史、人口、盛んな産業、ご当地の品、月ごとの平均気温まで。もはやマニアですね……。

でも、こういう情報っていろんなところで役に立つことが多いのです。

当日、冬なのに少し暖かかったので、「あれ、例年の1月はもう少し寒いですよね？」と申し上げたところ、そこから話に花が咲きました。

自分たちが大切にしている町のことを調べられて不機嫌な人はいないですよね。

とはいえ、もはや病的なほど「予習マニア」な僕。あまり参考にならないかもしれませんが、予習、ハマると結構、楽しいものです……！

「予習」で一歩リードしよう

打ち合わせの前に予習しておくと…

へえ～、この町はかつて2つの村が合併してできたのか
この学校はこういう教育方針なんだな
ちなみにこの地域の気候ってどんな感じなんだろう
この町は毎年○月にこんな行事で盛り上がっているのか

気持ちに余裕が出て、会話もスムーズに！

ここがポイント！

相手のことを徹底的に調べてみると、初対面でも喜んでもらえる

7

覚えたいことは、テープに吹き込んでお風呂で聴く

声に出して読む、耳で聴くことで、どんどん頭に入る！

僕は、お風呂の時間をよく活用しています。

お風呂に入っているときは、とてもリラックスした状態ですよね。

まさに、何かを考えたり、覚えたりするためのゴールデンタイム！　利用しない手はありません。

僕が試験勉強でよくやっていたのは、

「覚えたいことをテープに吹き込んで、風呂場で聴く」

という方法です。

そう、今となっては懐かしい、カセットテープを使うのです。

これに、自分が覚えたいものを吹き込み、常にお風呂で聴くようにしました。

吹き込む内容や形式は自由です。「今、自分が覚えたいもの」「勉強したいもの」であればＯＫ。

語学や資格試験を勉強中の人だったら、暗記事項を読みあげてＩＣレコーダーやテープに吹き込み、繰り返し聴くといいでしょう。

プレゼンやスピーチをうまくこなしたいときには、原稿を吹き込んで、何度も聴いていると、しっかり頭に入ると思います。

この方法が、なぜ効果的なのかというと、**実際に自分が声を出して読むこと、また、暗記事項を耳で聴くことで、記憶しやすくなる**からです。

五感を使うと記憶しやすいということは、科学的にも証明されていることなので、ぜひ、試してみてください。

「お風呂に入るときは、必ずテープを回す」というルールを作ってしまうといいと思います。

もちろん、３６５日、毎日聴きましょうということではありません。

「プレゼンの10日前から」

「次の資格試験までの1ヵ月間」

というように、期間を区切って、その間は必ず聴くようにしましょう。

それと、テープレコーダーが水にぬれないよう、レジ袋などに入れてしっかり防水することも忘れないでくださいね。

お風呂で講義をしてみよう

ついでに言うと、僕は、

「お風呂の中で、先生になる」

という方法も実行していました。

今日、学校で習ったことを、生徒に教えるつもりで講義するのです。

人に教えるのは、自分が本当に内容を理解していないと、できません。ちゃんと授業ができるかどうかで、自分の理解度をチェックすることができます。

また、お風呂ではリラックスしているので、「今日習ったことって、この前のあれとつながっているのかな？」とか、「あぁ、こういう意味だったのか」などと、いろいろな「気づき」があるものです。

誰かに教えるつもりで、あれこれ講義をしてみると、思わぬ発見があったり、アイディアが湧いてくることもきっとあると思います。

ぜひ、お風呂の時間を有効に活用してください。

入浴タイムも学びの時間に活用できる

お風呂で覚えたい内容のテープを聴く

人に教えるつもりで“先生”になって講義する

ここがポイント！

実際に声を出すこと、耳で聴くことで、暗記しやすくなる！

8

すぐに調べる。すぐに聞く！ そうすれば忘れない

「明日やろうは馬鹿野郎」

「あ、ここちょっと引っかかるな。あとで調べておこう」

「この点がイマイチ分からないけど……。まあ、なんとかなるか」

日常業務の中で、ふとした引っかかりや疑問を感じることがあっても、つい忙しくて、そのままにしてしまうことってありますよね。

でも、「あとでやろう」と思っていると、たいてい、忘れがちなものです。そして「しまった！　やっておけばよかった」と後悔したり……。

「明日やろうは馬鹿野郎」という言葉がありますが、やはり、物事はその場その場で片付けていくのが鉄則です。

そのときは面倒に感じますが、忘れてしまったらダメージは大きいですし、ずっと心に引っかかっているのも、精神衛生上よくないですよね。

分からないこと、疑問に思ったことはさっと調べる、聞くというフットワークの軽さを身につけておくと、あとあと、自分がラクになります。

疑問をそのまま放置しない

分からないところを誰かに質問したり、一生懸命調べて、「ああ、そうか！」と納得すると、それはずっと覚えているものです。

「エピソード記憶」といって、体験が記憶を定着しやすくするのです。

また、調べることで、新たな発見が生まれることも期待できます。

高校生の勉強の例でいうならば、「源頼朝が鎌倉に幕府を開いた」ということを覚えるとき、「なんで鎌倉に開いたんだろう？」という疑問が湧いてきたとします。

そうしたふとした疑問を「今の授業に関係ない」と、そのまま放置してしまわないことが大事です。

ノートのはしっこにでもメモしておき、忘れないうちに本やインターネットなどで調べておくべきです。

一見、寄り道のようにも見えますが、学びがぐんと広がるだけでなく、大事な知識となることも少なくありません。

仕事でも、同様のことが言えるのではないでしょうか。

「さっきの会議では、○○の件がいまひとつ分からなかったな。△△も、説明不足だったような……？」と「？」を感じる点があったら、そのままにせず、自分で資料を調べてみたり、もう一度説明を補足してもらうことで、あとの仕事がスムーズに進むこともあるでしょう。

また、「なんでこの部署は、文書のやり取りがこんなに煩雑《はんざつ》なんだ？」などと疑問を感じたら、それをメモして心にとめておくことで、業務体制を改善するアイディアが生まれてくるかもしれません。

「？」を「？」のままにしないこと、分からなければすぐ調べる。

この姿勢が、未来の自分を助けてくれるので、僕は常に気をつけています。

「？」を「？」のままにしないクセをつけよう

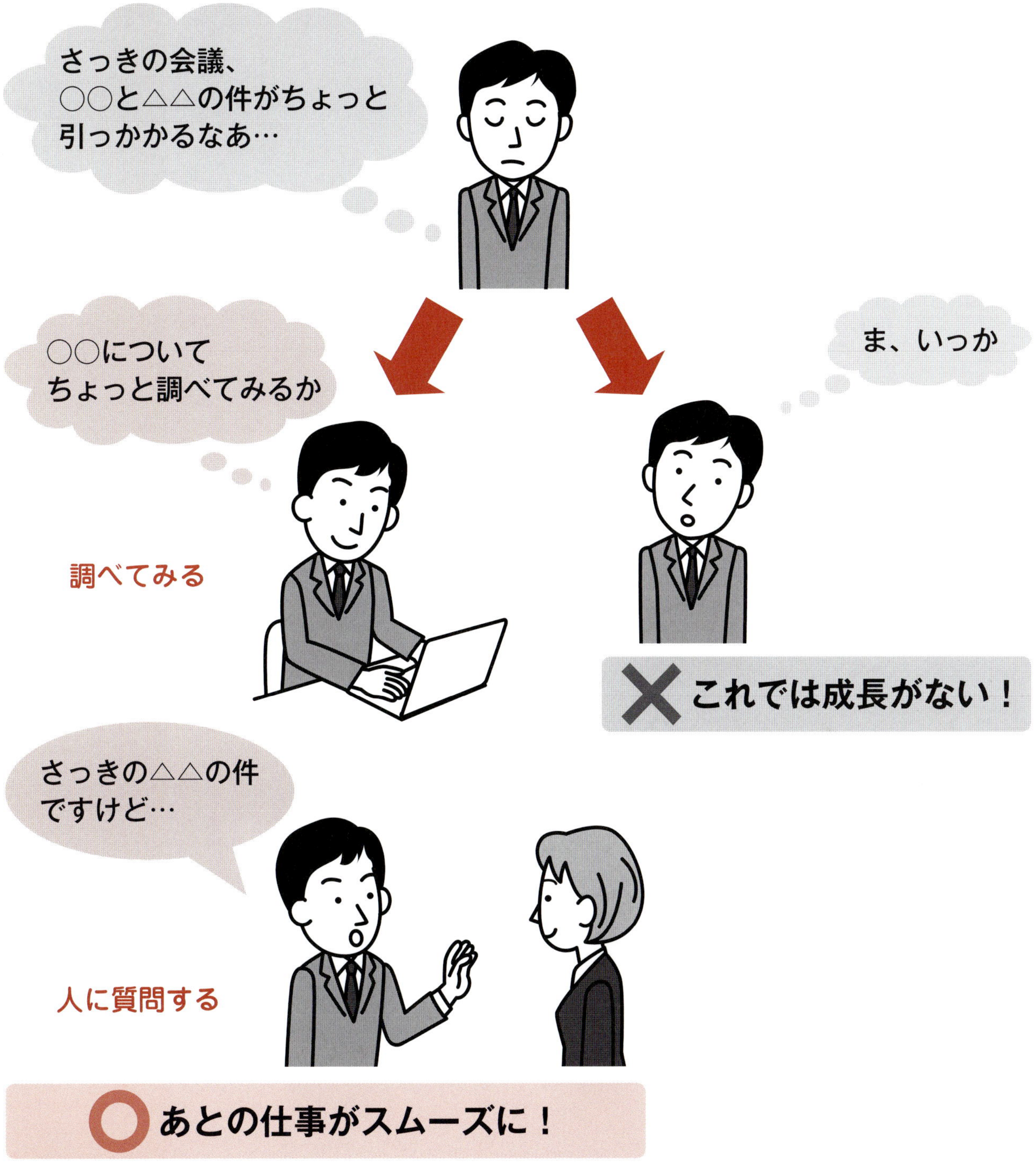
さっきの会議、
○○と△△の件がちょっと
引っかかるなあ…
○○について
ちょっと調べてみるか
調べてみる
ま、いっか
これでは成長がない！
さっきの△△の件
ですけど…
人に質問する
あとの仕事がスムーズに！

ここがポイント！

人に聞く、自分で調べるなど、体験とセットにすると記憶が定着しやすい！

9 丸暗記するもの、導き方を理解して覚えるもの

自作のゴロ合わせにチャレンジ！

大学受験の勉強をしていた高校3年生の春、僕は日本史と世界史の勉強が間に合わない！　とかなりあせっていました。

覚えなければいけないことが山ほどあるのに、時間がない。

そこで使ったのが、暗記の王道「ゴロ合わせ」です。

「いいくに（1192年）つくろう、鎌倉幕府」など、定番のゴロ合わせは年号しか覚えられないので、僕はもう少し工夫をしました。たとえば、

「紀元前1379年に、アメンホテプ4世がアマルナに遷都し、イクナートンと改名した」

という非常に覚えにくそうな事項についても、「意味なく行くな、飴《あめ》余る」というゴロ合わせを作りました。

「意味なく（1379年）行くな（イクナートン）、飴（アメンホテプ）余る（アマルナ）」となるので、4つの言葉がすべて覚えられるのです。

このように、**いくつかの事項を関連付けたゴロを作ると、一度にたくさんのことが頭に入ります。**

社会人になると、なかなかゴロ合わせを使う機会は少ないのですが、語学や資格試験の勉強ではもちろん、業務上、忘れてはいけない知識とか、友達の誕生日とか、作ってみようと思えばいろいろできます。

単純に覚えようとしてもなかなか頭に入らないようなことでも、ゴロ合わせにすると、驚くほどスッと頭に入ります。なにより、自分の作ったゴロは忘れません。

「なぜ？」を繰り返してプロセスを理解しよう

ゴロ合わせのように単純な暗記では間に合わない事項、たとえば、理屈が分かっていないとダメなこともありますよね。

そういうものに関しては、「導き方を身につける」ことが大事です。

数学が得意な僕の兄は、「俺は公式を覚えない」と豪語していました。

これは、「公式だけを丸暗記したところで、その公式の本質を理解していなければ、難しい問題は解けない」ということなのです。

単純に公式を暗記して、それに問題を当てはめるだけではダメで、導き方をきちんと理解することが大切なのですね。

では、導き方はどうすれば分かるのか。

それは、「なぜ？」を繰り返すことです。

仕事をしていくうえでは、

「接客はこのように」

「損益計算書については、この書き方で」

「経理処理はこういうルールで」

などと、覚えるべきこと、知っておくべきルールがたくさんありますよね。

その際、**ただやみくもに覚えるよりも「なぜこうしているのか？」という問いを繰り返して意味を理解したほうが、身につきやすくなると僕は考えています。**

意味を理解すると、自分の中で納得感が生まれるので、仕事に対する姿勢もおのずと変わってくるのではないかと思います。

「Ｗｈａｔ？（覚えること）」に対して、「Ｗｈｙ？（なぜ）」を繰り返し、「Ｈｏｗ（どうやるか？）」を身につけるのです。

「なぜこうなっているか？」を考えよう

なぜ接客のときに
こうしなきゃいけないのか？
どうして損益計算書は
こういう書き方をするの
だろう？
なぜ、この公式で
解が出せるんだろう
会社組織がこのような
体系になっている理由は？

ここが
ポイント！

**やみくもに覚えるより、
意味やプロセスを理解したほうが身につきやすく、応用もきく**

コラム① なぜ僕は20歳で起業をしたのか①

「なんで会社つくったの?」

この質問をされるのは、取材だけではありません。初対面の方とお会いするとき、同窓会、そして親戚の集まり（!）など、様々なシーンで聞かれます。

「せっかく東大入ったんだから、安定した人生を歩めばいいのに」

「東大入ったなら一流企業に入れば良かったのに」

いろんなことを言われます。

もちろん、僕も「不安定な人生」が好きだというわけではありません。僕だって安定しているほうがいいです。それなのになぜ起業したのか。その答えは「仕方なく」だったのです。

14歳のとき、僕は教育学に目覚めました。14歳と言えば、中学2年生の頃。僕が通っていた海城中学校（東京・新宿区）では、「総合学習」が率先的に取り組まれていました。社会の授業の一環だったのですが、「自分の気になる社会問題を一つ調べてレポートでまとめる」というもの。毎学期、つまり1年間で3本のレポートを書くのが宿題でした。また、「そのレポートを書くにあたってどこかで取材を2ヵ所以上してきなさい」と付け足されました。

そのレポートが本格的に始まったのが中学2年生のとき。「自分で好きな社会問題を選びなさい」と急に言われたのです。それまでニュースや新聞を自分から読むことは少なかったので、「社会問題」なんて言われてもピンときません。

まず、僕がしたことは「テレビをつける」ことと「新聞を読む」ということ。

ニュース番組や社会派番組、新聞の社会問題を扱うページを読みあさってみました。

そこで、ふと気になったニュースがありました。

それは、「ゆとり教育」の問題。当時、マスコミに「円周率が〝およそ3〟になる?」「台形の面積の公式を教えなくなる?」などと騒がれていましたよね。

「へー、こんなニュースもあるんだなぁ」と思っていたのですが、僕が決定的に関心を持った瞬間がありました。それは、忘れもしない某討論番組。「ゆとり教育の是非」というテーマで激論が交わされていました。

真剣に議論をしている有識者の方々を見て、最初は面白いなぁと思って観ていました。でも、とある人の発言がちょっと引っ掛かりました。それは、「このままだと1987年以降生まれは、ゆとり世代としてバカになる」というもの。

その発言を聞いて、「ふーん、なるほどね。1987年生まれの人はかわいそうだな……」と思っていたのですが、ふと気が付きました。「あれ……僕って1987年生まれじゃないか……?」

そうだったのです。僕は1987年生まれ、つまり、「ゆとり第一世代」だったのです。

その瞬間から、とたんにそのニュースが身近に感じられるようになりました。

試しに少しずつ調べてみると、疑問が湧いてきました。

「そういえば、僕らは何も悪くないはずなのに、どうしてバカとか、ゆとり第一世代とか言われなきゃいけないんだろう」「どちらかと言えば、僕らは実験台なのに、どうしてここまでダメになるって言われなきゃいけないんだ」

少しずつ、怒りを覚えるようになってきたのです。

先ほど申し上げました通り、2ヵ所以上の取材が義務でしたから、「どこに取材に行こうかな」と考えたところ、面白いアイディアが浮かんだのです。

「周りの友達は市役所など、取材に応じてもらえるところを選んでいるけれど、僕は番組に出ている方々に片っ端から取材してみよう」

かなり無謀な中学2年生でした。学校の正門の近くにある公衆電話を手に取り、テレホンカードを入れ、片っ端から番組に出ている著名人の事務所に電話していきました。「海城中学2年6組19番の清水章弘と申します。いま、社会のレポートでゆとり教育の是非について書いています。○○さんの番組の発言や、著書を読み、もう少し詳しくお話を伺いたいので対面で取材をさせて頂くことは可能でしょうか」

その結果、どうなったのでしょうか。

「仕方なく」会社を作ったところまで一気にお話をします。

続きは46ページのコラムにて……。

2時限目

「頭がいい人」と言われるようになりたい！

——能力がみるみる磨かれる生活術

1 聞いた話を「ひとこと」でまとめるクセをつける

「結局、何が言いたかったのか」を忘れてしまう

勉強会に参加して、そのときは「へえ!」と思ったものの、あとで思い返すと、よく覚えていない……。上司がアドバイスをくれるのはいいけど、話が長すぎて、結局どこをどうしろと言いたかったのか、頭が混乱……。

誰でも、「話の内容が自分の頭に入っていない」「結局、要点がどこだったのか分からない」という経験をしたことがあるのではないでしょうか。

それが友人との雑談であれば問題はないのでしょうが、大事な話だったり、勉強会の最中だったら、困りますよね。

話を聞いているのに、なぜか頭に入ってこないということは、よくあります。

なぜでしょうか?

じつは、私たちは、意外と人の話を聞いていないものなのです。もちろん、「聞いているつもり」ではいるのですが、実際には、右から左へ流れてしまっていることが多いのです。

たとえば、ニュース番組を見た後で、「今日のニュースは何があった?」と聞かれたら、すぐにパッとは出てこないものです。

あるいは、項目だけは出てきても、細かい点になると、うろ覚えだったり……。

聞いているようで、聞いている「つもり」になっていることが、とても多いのです。

講演のあとで、要点を3つにまとめられますか?

この「つもり」を防ぐには、**「相手の話を聞いたあとで、話の内容をひとことでまとめる」**という方法が有効です。

難しそうなことに思われるかもしれませんが、これは小学生でも実際にやっていることなのです。

以前、ある国立の小学校で、「勉強のやり方」について、50分の講演をしたときのことです。

講演が終わったあとで、先生が、「今の授業で、大事だと感じたことを、3つにまとめましょう。できた人から手を挙げましょう」とおっしゃいました。

講演の相手は小学2年生でしたから、僕は内心、「こんな小さな子どもたちに、そんな要約はできないだろう」と思いました。

ところが、予想に反して、次々と手が挙がったのです。

「1つ目は○○で、2つ目は△△、3つ目は※※でした。それを聞いて、私はこう思いました」

このように、理路整然と話し始めた姿には、本当に驚きました。

おそらく、生徒たちは、普段から「今日の授業を3つにまとめる」ことをしていて、それが、当たり前になっているのでしょう。

講演をしている最中にも、「みんなすごく集中して聞いてくれているな」と感じていたのですが、なるほど納得です。

「すぐにまとめよう」という意識が働いているから、話を聞こうという姿勢や、内容を整理して聞く習慣が身についているのですね。

話が長時間に及んでも、「この話を要約してみよう」と思いながら聞いていると、だんだん要点をつかむのが上手になります。

聞いた話が右から左へ流れてしまうのを防ぐには？

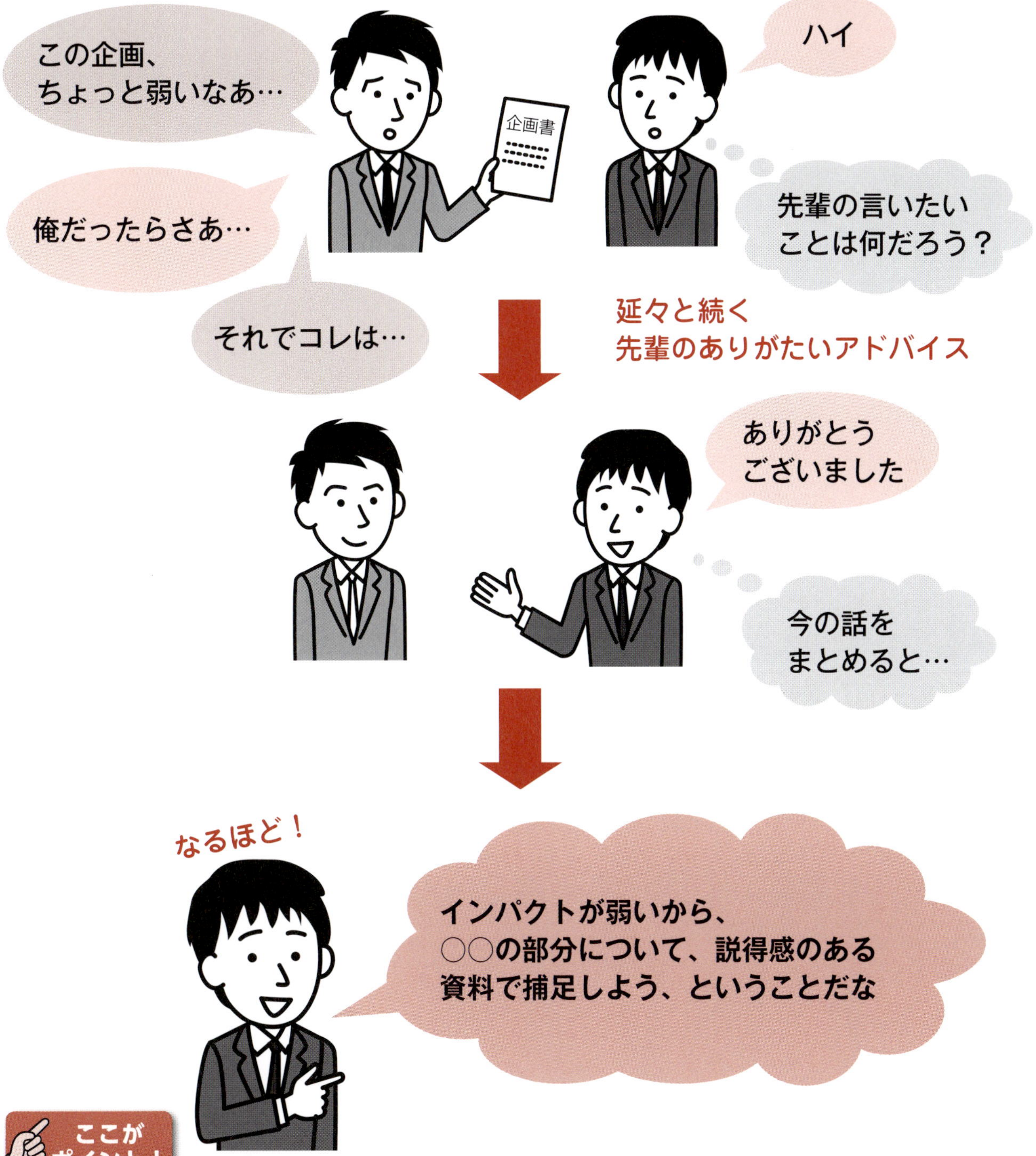
この企画、
ちょっと弱いなあ…
企画書
ハイ
俺だったらさあ…
先輩の言いたいことは何だろう？
それでコレは…
延々と続く
先輩のありがたいアドバイス
ありがとうございました
今の話をまとめると…
なるほど！
インパクトが弱いから、
○○の部分について、説得感のある
資料で捕足しよう、ということだな

ここがポイント！

「話が終わったらひとことでまとめよう」と思いながら聞いていると、「聞いているつもり」を防ぐことができる！

2 たった1分の「復習」ですごい効果が現れる

手っ取り早く効果が出る勉強法

「手っ取り早く成績を上げる方法を挙げるとしたら?」と聞かれたとき、僕は真っ先に、次の方法を紹介します。

① 授業が始まるまでの1分間、前の回でやった内容を復習する

② 授業が終わったあとの1分間、授業でやった内容を復習する

この1分間、というのがミソです。

授業が始まるまでには、たいてい、ザワザワした時間がありますよね。

その時間を活用して、前回やったことをザッと見直しておくのです。脳に、「これをやったんだ」ということを思い出させるわけです。

授業が終わった直後にも、やはりちょっとザワザワする時間があるので、そこで今日やったことを振り返ります。「これとこれをやったんだ」ということを、改めてインプットし直すのです。

「これだけ?」と思われるかもしれませんが、本当にこれだけで、成績が上がります。

1分間で復習ができる、ということは「授業をしっかりと聴けていた」ということの証明でもあるからです。

堂々巡りの会議もこの方法で一変する!?

これは、仕事に応用しても、効果が得られるのではないかと思います。

うちの会社では、会議のときに活用しています。最初の1分間で前回の会議を振り返り、最後の1分間で今回の会議をまとめているのです。

みんなで、「前回はこれを話して、こんな結論に達したんだったな」という共通認識を持っておくことで、同じ話を繰り返さずにすみ、スムーズに次のステップに進むことができるでしょう。

会議が終わったら、「今日はこういう議題が出て、ここまで決まりましたね」と、復習することで、やったことがきちんと頭に入るはずです。

人と話をするときにも、使えると思います。クライアントとの打ち合わせをする前に、前回の話し合いで、どんなことを、どこまで話したかを復習しておき、打ち合わせが終わったあとで、「今日はこういうことをやったな」と反芻《はんすう》するのです。僕も仕事の打ち合わせをするときは、前の打ち合わせのノートを必ず見返すようにしています。

もちろん、1分程度の短い時間でＯＫです。

この復習法を、ある高校の世界史の先生が、実際の授業で導入してくださったのですが、これが抜群の効果を挙げました。

クラス全員が予備校の全国模試を受けたとき、世界史の平均偏差値69という驚異的な数値をたたき出したのです。

本当に驚きました。

ちょっとした復習を繰り返すことで、内容がきちんと頭に入っていく、ということの証明でもあると思います。

わずか1分間でこんなに変われるなら、やらない手はありませんよね!

始まりと終わりの１分間で劇的な効果が出る

はじめの１分で前回の内容を“復習”する

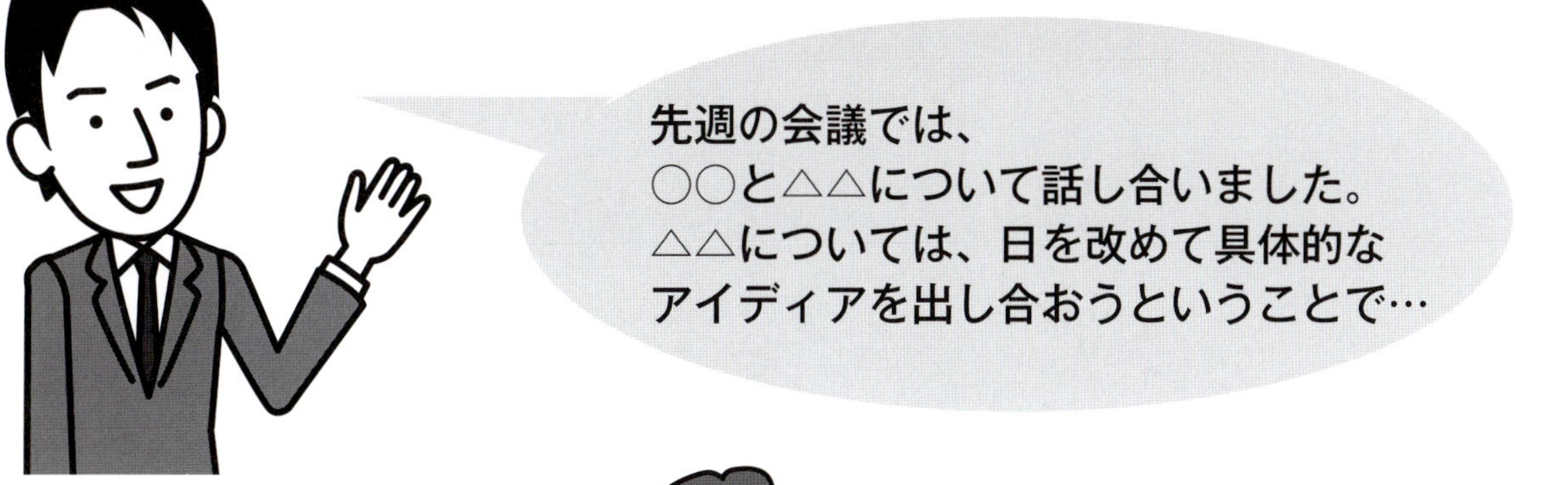
先週の会議では、
○○と△△について話し合いました。
△△については、日を改めて具体的な
アイディアを出し合おうということで…

会議スタート！

最後の１分で、会議の内容を“復習”する

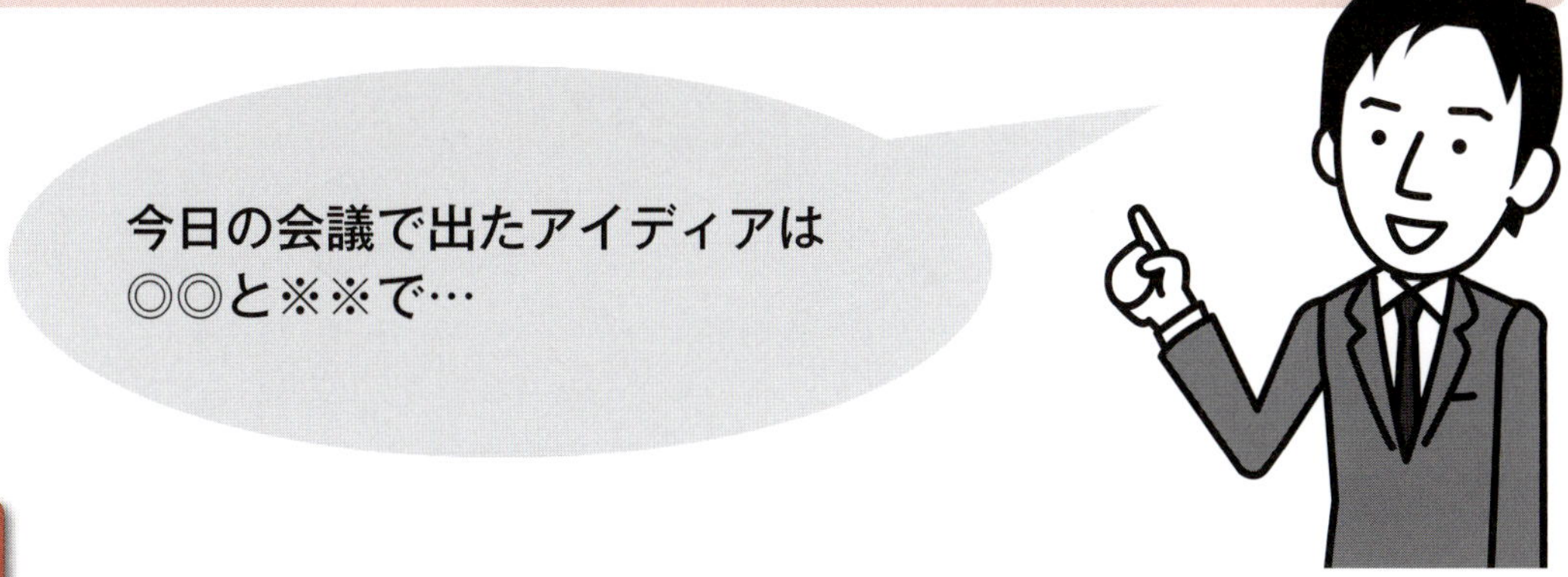
今日の会議で出たアイディアは
◎◎と※※で…

ここがポイント！

ちょっとした“復習”の繰り返しが記憶の定着度を高め、ムダを省く

3 インプットとアウトプットの比率は3:7

単語を暗記するだけでは、いい点は取れない

学生のころ、「一生懸命ノートをまとめて、がんばって覚えたのに、試験では思ったように点が取れなかった」という体験はありませんか？

英語の単語や慣用句を覚えたり、社会の暗記項目を必死に覚えると、「勉強したぞー！」という気持ちになり、そこで終わってしまうことが少なくありません。

でも、じつは、勉強はここで終わりではありません。むしろ、ここからが始まりなのです。

英単語などを覚える、というのは「頭にインプットする」ということです。

でも、インプットだけではダメ。このあとに「アウトプットする」ことが重要なのです。勉強でいえば、問題集を解く、英語であれば実際に使ってみる、という作業がそれに当たります。

一般の生活においても、同じようなことが言えるのではないでしょうか。

たとえば、「パソコンのスキルがなかなか上がらない」という場合、ただマニュアルを読んでいるだけでは、できるようになりませんよね。やはり実際に使ってみて、「こうやればいいのか」ということを体得していくものだと思います。

実際に操作する（アウトプットする）ことで、「ああ、そういえば、マニュアルにはこう書いてあったけど、その意味が分かったぞ」と、インプットしたことの理解が深まるのですね。

インプットとアウトプットは、車の両輪のようなもので、どちらもスキルアップには欠かせないことなのです。

本当に大事なのは、暗記したあと！

とはいえ、私たちはつい、インプットに重きを置いてしまい、アウトプットの時間が少なくなりがちです。

でも、理想は逆です。

「インプットする時間は最小限にして、アウトプットする時間を長く取る」

というのが、スキルアップへの早道です。受験勉強だったら、暗記する時間を最小限にして、問題演習をする時間をたっぷり取るほうが、実力向上につながります。

比率でいうなら、インプット3対アウトプット7ぐらいの感覚でいいと思います。

20歳で起業したとき、僕は大変お恥ずかしいことに「名刺の渡し方」すら知りませんでした。本を読んで「なるほど、相手の名刺を自分の名刺入れで受けるんだな」「受け取ったら机の上に置くんだな」などと学びましたが、やはり、インプットしただけでは身につきません。実際にやってみて、できなくて改善して、もう一度本を読み返してみて、と繰り返さなければなりませんでした。

本当に身につけたいものには

①インプットとアウトプットの合わせ技を使う。

②インプットよりもアウトプットのほうに、たっぷりと時間を割《さ》く。

この2つをぜひ、やってみてください。

「暗記する」よりも「問題を解く」ことで身につく！

単語を暗記する

インプット

問題集を解く

アウトプット

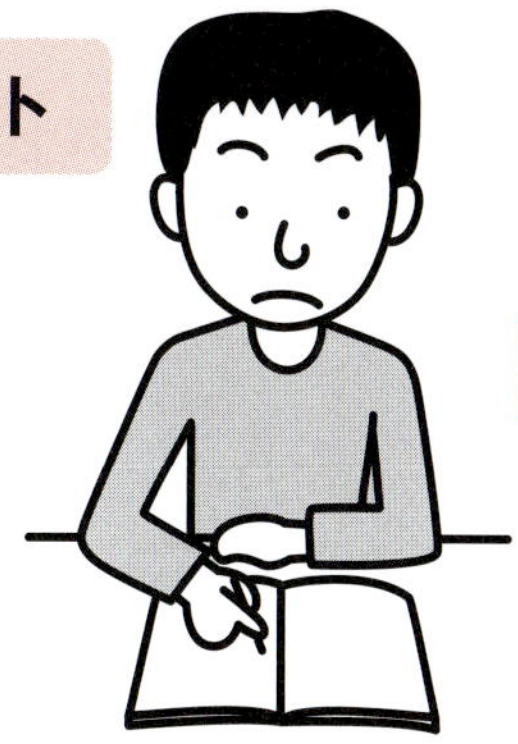

できなかったところを学び直す（インプット）

この繰り返しで実力がつく！

まずは本を読むなどして知識を得る（インプット）

相手の名刺を自分の名刺入れで受けるんだな

実際にやってみる（アウトプット）

2人1度に会うときはどうすればいいんだ!?

できないところを改善する（インプット）

この繰り返しで身につく！

ここがポイント！

インプットよりもアウトプットのほうに時間を多く取るべき！

4

目標達成に大事なのは、逆算して考えること

やみくもに勉強するだけではダメ

物事を考えるとき、僕はいつも、

「自分のアタマが、きちんとゴールに向かっているかどうか」

を意識するようにしています。

ゴール（目標）の設定は、仕事においても、勉強をするときでも、一番大事ではないかと思うからです。

私は学習塾を経営していますが、保護者面談をするときにも、必ずこの手法を用いて考えます。

たとえば、高校1年生のAさんの保護者面談を行うとしましょう。Aさんは、「2年後には○○大学に合格したい！」という目標があります。

まずは「今までの数ヵ月間、こんなことをやってきて、ここまで来た」と、過去を振り返りながら、今の状態（現状）を考えます。

具体的には、1週間のスケジュールや、予習にどのくらい時間をかけているか、宿題の提出状況など、今までの学習のプロセスを丹念に見ていきます。

それから、「3ヵ月後、1年後にこうなっていたらいいですよね」と、目標に向けてどうありたいか、短期的・中期的な理想の状態を設定します。

そして、理想と現状とのギャップを埋めるために、「今後どういうことをやっていけばいいだろう？」と考えるのです。

つまり、過去と現状を踏まえたうえで、目標から逆算して、方針を打ち出すわけです。

「逆算力」をつければ、戦略的に進められる

このように、まず目標を設定し、それを達成するために、どのような方法で進んでいったらいいかを考える力を、私は「逆算力」と呼んでいます。

目標から逆算してはっきりと現状を見ると、今やるべきことが見えてきます。

もしかしたら「このままのやり方でOK」かもしれないし、「今までのやり方だと、目標達成は難しいよね」となるかもしれません。もし、後者であれば、やり方を変えなくてはなりません。

僕は以下のような順番で、目標から逆算して考えています。

① やるべきことを書き出してみる

目標達成のために、やったほうがいいと思うことを、考えられる限り書き出します。

② 優先順位をつける

重要度の高いものから順に、番号を振って、優先順位をつけます。

③ 時間配分を決める

残された時間を計算し、優先順位の高い項目から順に時間配分を考えます。

④ 計画どおりにひたすらこなす

優先順位の高いものから、決められた時間配分でこなしていきます。

資格試験など、目標の定まった勉強以外にも、何らかのプロジェクトを遂行《すいこう》するときや、仕事の目標達成を目指すときなど、この「逆算力」を使って考えるようにしています。すると今やるべきことが明確になり、ゴールを目指して走ることができるようになってきます。

目標を達成するための「逆算力」の使い方

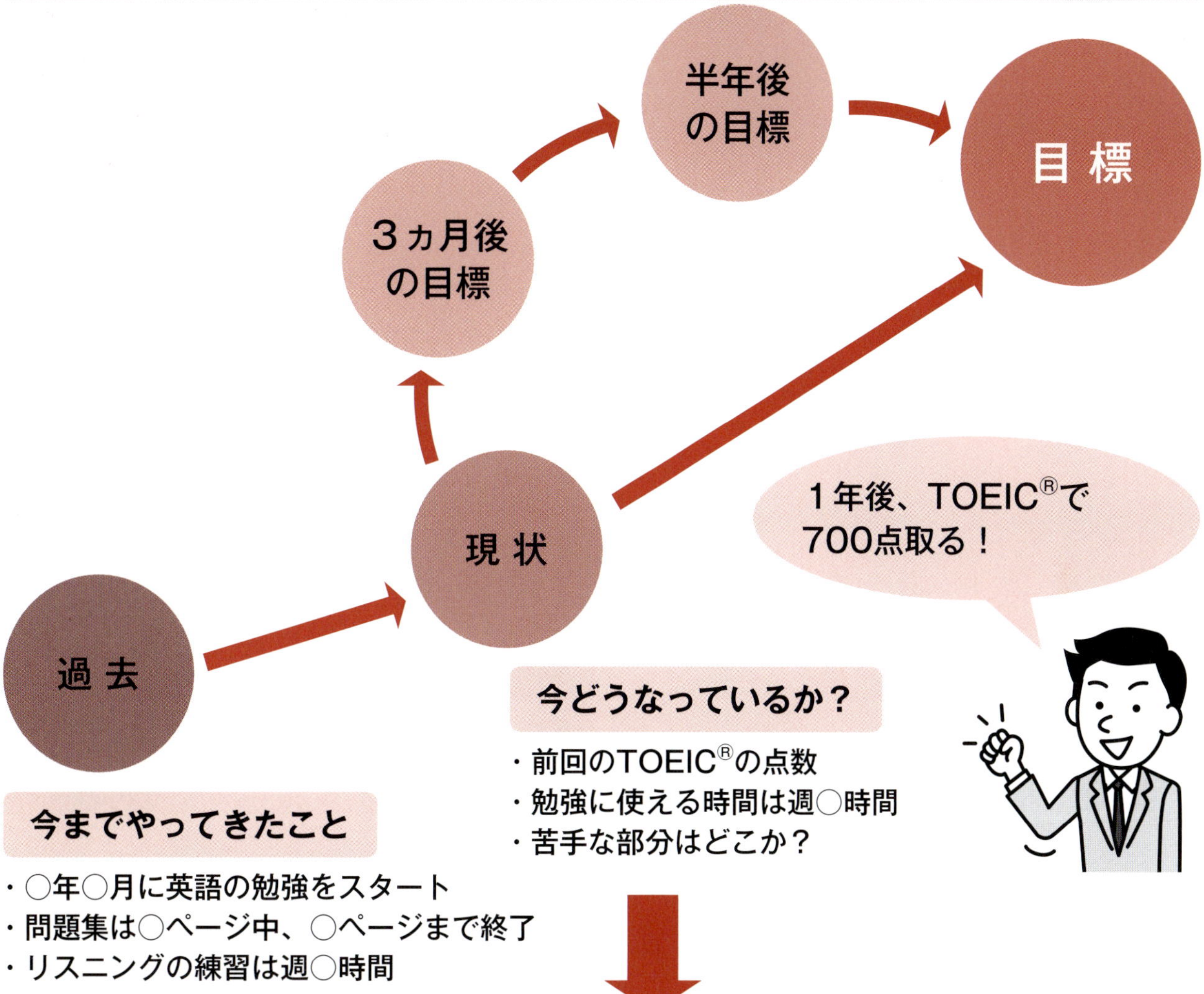
過去
現状
3ヵ月後の目標
半年後の目標
目標
1年後、TOEIC®で700点取る！
今どうなっているか？
・前回のTOEIC®の点数
・勉強に使える時間は週○時間
・苦手な部分はどこか？
今までやってきたこと
・○年○月に英語の勉強をスタート
・問題集は○ページ中、○ページまで終了
・リスニングの練習は週○時間

これを踏まえたうえで、今やるべきことはなにか？

優先順位

① ______________（○時間）
② ______________（○時間）
③ ______________（○時間）
④ ______________（○時間）

優先順位と時間配分を決めたら、実行あるのみ！

ここがポイント！

目標から逆算することで、「今やるべきこと」が見えてくる！

5 ケーキは切って食え

「1週間で英単語を１００個覚えよ」できる？　できない？

前の項で、逆算力をつけよう、というお話をしました。目標から逆算して、今やるべきことを洗い出すためには、

「やるべきことを書き出し、それに優先順位をつけ、時間配分を決める」

ことが必要でした。

この「時間配分を決める」のには、コツがあります。

キーワードは、**「ケーキは切って食え」**。

どういうことか、例を出して説明しましょう。

ある中学校で、英単語が１００個書かれたプリントが配られました。「来週までに暗記してきなさい」というわけですが、ある生徒は、「そんなに覚えられない！」と、困り顔です。

たしかに、英単語を１００個一度に覚えようとしたら、「できない！」と思うのも無理はありません。でも、分割して「いつまでにいくつ覚える」というようにすれば、急にハードルが低くなります。

たとえば、来週までに3時間程度、覚える時間が作れるとしたら、

3時間で１００個＝１８０分で１００個、つまり9分で5個覚えればいい、となります。

これだったら、できそうな気になりますよね？

つまり、「ケーキは丸ごと食べようとするのではなく、切って少しずつ食べればいい！」ということなのです。

僕は学生時代に、この言葉を父から教わりました。

「困難は分割せよ」というデカルトの言葉に通じるものがあると思います。

父はことあるごとに「ケーキは切って食え」と言っていました。

使える時間を分割すれば、難しい課題もうまくいく

「仕事の段取りが下手で、いつもあたふたしてしまう」

「やることがいっぱいあるのに、時間配分がうまくできず、結局やらずじまいで終わってしまうことがある」

僕もよくありますが、そういうときはいつも目の前の仕事の量に圧倒され、ケーキを切ることなど考えずに「とにかく食べてしまおう」としている状態なのです。

まずは、**「どのくらい時間が残されているのだろう？」と冷静に考え、仕事にかけられる時間を割り出すようにしています。**

「8時間確保できる」などと計算できたら、優先順位の高いものから、「これは1時間かかりそう」「30分で終わらせよう」などと、分けて計算していきます。そう、ケーキを切り分けるのです！

優先順位を決めて、時間配分をするようにしていったら、少しずつ段取り力がついてきました。

「ケーキは切って食え」——よかったら使ってみてください。

大変そうな課題は、分割してコツコツ進める

次の会議までに、
新企画のアイディアを20個出せと言われた

締め切りまで５日間！

1日
4コ
1日
4コ
1日
4コ
1日
4コ
1日
4コ
これならできそう
1日4コ

１週間で英単語を100個

↓

覚える時間を３時間確保できるのなら、９分で５個覚えればいい

ここがポイント！

使える時間を分割して管理すれば、段取りも上手くなる！

6 「今日もダメな自分」のスパイラルから抜け出す方法

悪い生活習慣のドロ沼から抜け出したい！

「ゲームに熱中しすぎて、また夜中になっちゃった！　仕方ないか」
「資格試験の勉強を毎日30分やろうって決心したのに、3日もサボっちゃった」
「ダイエットしようって決めてたのに、またダラダラ間食しちゃった！」

悪いと分かっているけれど、やめられない。こういうこと、誰にでもあると思います。

この悪い習慣を「またやっちゃった。でもしょうがない」と、言い訳しながら繰り返していると、どんどんドロ沼にはまっていきます。

早く抜け出さなくてはいけません。

とはいえ、自分の生活習慣を見直すのは、勇気のいることです。自分のイヤなところと向き合わなくてはならないのですから。

でも、このままズルズルしているのもイヤ。ここでは、そんなときに僕が使っているチェックシートをご紹介しましょう。

一日の最後の質問で生活習慣が良いサイクルに変わる！

僕はよく、
「×《バツ》を○《マル》にしよう。○を◎にしよう。そうすれば、すべてが◎になる」
と口癖のように言っています。

×は悪い習慣。○は良い習慣。◎は、さらに良い習慣です。

悪い習慣を、どんどん良い習慣に変えると、生活そのものが変わっていきます。

では、実際にはどのように習慣を変えていけばいいのでしょうか？

習慣を変えるには、次のプロセスで、「魔法の質問」を自分に投げかけるのがよいと僕は思っています。

① 自分の行動を見直す

まずは、一日の終わりに、その日にあった良かったことと、悪かったことを、ひとつずつ思い浮かべます。

② 「魔法の質問」を自分に投げかける

【良かったことについて】

魔法の質問1　どうして、それが起こったのか？
魔法の質問2　それを続けるためには、どうしたらよいか？

【悪かったことについて】

魔法の質問1　それが起こった原因はなにか？
魔法の質問2　どうなれば理想的か？
魔法の質問3　どうしたら理想に近づけるか？
魔法の質問4　今日から、何を始めるか？

このように「魔法の質問」を自分に問いかけていると、良かったことは繰り返し起きるようなサイクルに、逆に、悪かったことは繰り返さないようなサイクルにもっていくことができます。悪かったことに関しては、「今日から」何を始めるか、という対策を立てることが大切です。ぜひ、「今日から」始めてください。

左のページに、習慣を見直すためのチェックシートを載せましたので、よろしければ皆さんもチェックしてみてください。

生活習慣がどんどん改善する「魔法の質問」

良かったこと

↓

①どうして、それが起こったのか?

②それを続けるためには
どうしたらよいか?

↓

繰り返し起きる!!

悪かったこと

↓

①それが起こった原因はなにか?

②どうなれば理想的か?

③どうしたら理想に近づけるか?

④今日から、何を始めるか?

↓

同じサイクルを繰り返さない

ここがポイント!

1日を振り返る習慣で、ダメスパイラルに陥るのを防ごう

7 社会人になったら、「テスト」は自分のためにやる

テストをすることで、「分かったつもり」を防ぐ

社会人になると、「テスト」というものとは、めっきりご無沙汰となります。

中間テストや期末テストで、一夜漬けをしながら必死でがんばった、あの大変さを思うと、「もうテストはこりごり」という方も少なくないでしょう。

でも、そもそもテストというのは、「習ったことをどれだけマスターしているか、確認するもの」です。

テストがあるからこそ、自分が本当に理解できているかどうかが分かるのです。

学生のころは、強制的に確認されていたから、なんとかマスターしようと必死になれたでしょう。

ただ社会人になると、「テスト」の代わりに「プレゼンテーション」など、人前で話すことが増えてきます。僕は仕事を始めて、「これは高校時代のテストよりも緊張するな……」と感じました（比較するのもおかしな話ですが……）。

プレゼンで失敗したくなかった僕は、高校時代にテスト対策でやっていた「ひとりテスト」を仕事に応用してみました。「ひとりテスト」とは、自分で自分をテストするというものです。

「質問が出たら、どう答えるか？」

僕は大事なプレゼンや講演会の前はもちろんのこと、報告、打ち合わせの前にもひとりテストをやっています。

移動中は必ずと言っていいほど次の現場の「ひとりテスト」に充てています。

話す内容をノートに書いて整理するなどして、「脳内リハーサル」をするのです。

「内容をきちんと理解している？」

「自分の言葉で説明できる？」

「クライアントの情報は、しっかり頭に入っている？」

「このポイントについて、質問がありそうだけど、どう答える？」

自分の「危ないところ」をチェックリストにして、ひとつずつつぶしていくようにします。

意外と、「あれ？ 覚えていたつもりだったんだけど……」「分かっているけど、うまい言葉が出てこないなぁ」などということがよくあります。

「ひとりテスト」でできなかったところは、そのままにしていると、本番でもできません。

だからこそ、本番前に、ぬかりなく「準備」をして、確実に「できる」ようにする必要があるのです。

重要だと思うことは、「本当にできるのか」を「ひとりテスト」で確認する。

学生時代を思い出しながら、僕はいまだにこんなことを地道に続けています。

プレゼンや打ち合わせの前には、ひとりテストで準備万端

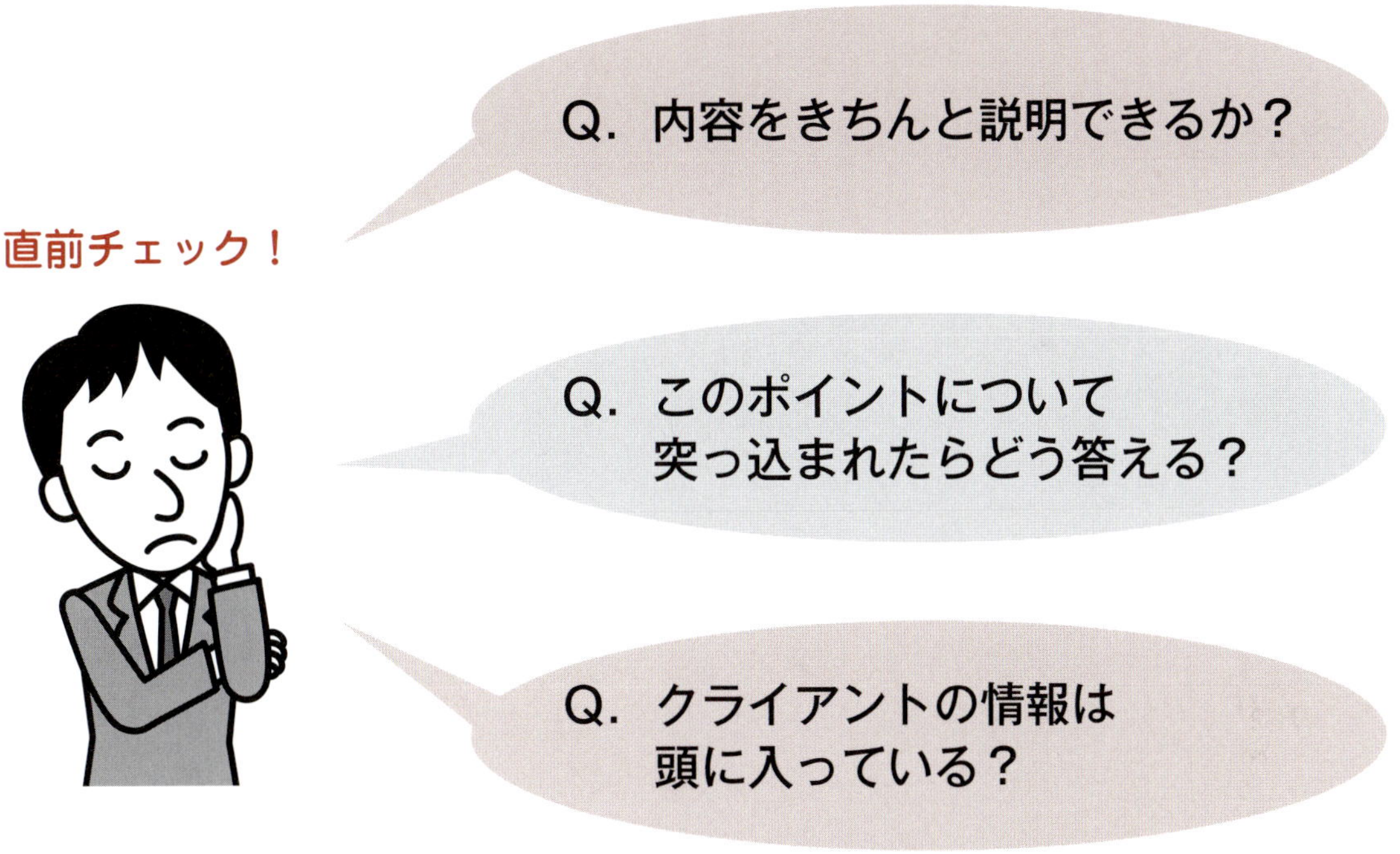
直前チェック!
Q. 内容をきちんと説明できるか?
Q. このポイントについて
突っ込まれたらどう答える?
Q. クライアントの情報は
頭に入っている?

できなかったら、もう一度確認を!

もう一度
目を通しておこう
資料

ここがポイント!

「ひとりテスト」は自分の理解度を測るために有効。事前に確認することで、慌てずにすむ

8

ビジネス本は、自分にとっての「意味」を考えて選ぶ

「選んだ理由」をちゃんと説明できる本を買う

もうちょっと、スキルを向上させたい。

デキる人の営業術を学んで、自分も業績アップにつなげたい。

部下との接し方について、悩んでいる。

日々の仕事の中では、いろいろな悩みがあります。

僕は解決の糸口を本に求めることが多いのですが、皆さんはどうでしょうか。

ここでは、僕が気をつけている「本の選び方」についてお話ししたいと思います。

本を選ぼうと書店に行くと、ビジネス書の棚にズラリと並んだ本の数々に圧倒され、どれを選んだらいいのか分からなくなってしまうことってありますよね。

「この本もいいような気もするし、あれも役立ちそう」と、目移りして、結局選べない、ということもあります。

「今の自分の状況にぴったり合う本」を選ぶのは、難しいものです。結果、気付いたら本来の目的を忘れ、関係ない本を買ってしまったり……。

先ほども書きましたが、僕はとにかく多くの本を読みます。ビジネス系の本を選ぶときに気をつけていることは、

「選んだ理由を、ちゃんと説明できる本を選ぶ」

ということです。

「この本に書いてある方法がまねできそうだと思ったから」「ちょうど悩んでいたところにマッチする項目があるから」など、理由はなんでもOK。

大事なのは**「買った意味を説明できること」、つまりきちんと目的意識を持って選んでいるかどうか**、ということなのです。

「7割は実行できそうなもの」を選ぶ

もうひとつ、本を選ぶ際には「レベルを考える」ということも必要だと思います。

これは、問題集を選ぶ中高生たちに、よく言っていることなのですが、**「7割程度は解けるけれど、あとの3割は解けない」**ものを選ぶことが大切です。

全部解けそうなものでは、やさしすぎるし、解けないものが多すぎても、やる気がなくなります。7対3くらいのバランスがちょうどいいのです。

仕事で役立てたい、と思って本を選ぶときにも、同じことが言えると思います。

「7割程度なら、今の自分にも理解できるレベルかも」と思えるものが、ちょうどいいでしょう。

また、買ったあとのことも付け加えておきましょう。

必要な本が買えたら、読み始めるわけですが、「最初から読む」必要はありません。

その本は、なにかを得ようとするため、情報を取得するためのものなのですから、自分にとって必要なところから優先的に読みましょう。

僕は最初に「もくじ」と「あとがき」を読み、自分に役立ちそうなところから読むようにしています。

自分に合った「参考書」の選び方

目的意識を持って選ぼう

営業トーク、とくに
クロージングの勉強をする
ためにこの本を買うぞ！

やさしすぎず、難しすぎないものを

7割くらいなら
僕にも実行できそう

必要なところから読み始めよう

53
53ページの
項目が読みたい！
ここから
スタートしてOK ！

ここがポイント！

「買った理由」を説明できるもの、
7割程度は理解できるもの、を基準に選ぶといい

9 日常の小さなことも、「なぜ？」を繰り返して掘り下げて考えるクセをつける

すべてのことは根底でつながっている

僕の父は、

「ダメなやつはダメだ」

というのが口癖でした。

「ご飯粒を1つでも残すようなやつは、できないやつだ。詰めが甘いから、テストでも点が取れないんだ」

というような調子です。

職人気質《かたぎ》の父親で、これだけ聞くと、なんだかひどいことを言っているような気がするのですが、父が言いたかったことは、

「すべてのことは、根底でつながっている」

ということなのだと思います。

ささいな物事に対して、おろそかになっている人は、他の面でも、やはりおろそかになっているものだ、と。

つまり「小さいことは大きいことである」ということなんですね。

すべてが根底でつながっているのだとすれば、どんなに小さな仕事でも、細部までこだわっていかなければ、大きな仕事でも失敗してしまうのだな、とずっと心にとめています。

日々の生活の疑問を掘り下げて考える

幼少期からそんな事を言われて育ちましたので、仕事においても、日々の小さな出来事にも気を配り、「なぜ？」を繰り返して深く掘り下げて考えるように心がけています。

先日も、僕の塾で、考えさせられることがありました。

ある小学生の生徒が、トイレでちょっとしたいたずらをしたのです。

たわいもないことですし、「コラッ」と怒れば、それで終わっていたでしょう。

でも、

「この生徒は、どうしてこのようなことをしたんだろう？」

と掘り下げてみたところ、

「もしかしたら、中高生の多い塾の中で、小学生のこの生徒は疎外感《そがいかん》を感じていたんじゃないか。僕たちにもっとかまってほしくて、自分の及ぼす影響力を知りたかったんじゃないのかな？」

というところに至りました。

社内で議論をした結果、「もっとみんなでケアしてあげよう」という結論に行きついたのです。

どんな小さなことでも、ぶつかったいろいろなことに対して、「なぜ？」を繰り返して掘り下げて考えてみる。

これは、すべてのことにおいて、大切なことではないかと考えています。

子どものころは「うるさいなあ」としか思っていなかった父親の小言が、今になって心に沁《し》みてきています。

うちの親も高齢になり、最近「もっと親孝行しなきゃな」と思うようになりました。

ささいなことが大きなことにつながる！

なぜ仕事が
うまくいかないのだろう？

- お客様からの信頼を得られない
- 時間にルーズ
- 字が汚い
- あいさつしない
- 整理整頓できない
- 身だしなみが整っていない

物事は根底でつながっている!!

どうしてあの子は
塾のトイレにいたずらを
したのだろう？

よく考えて
みよう！

中高生が多いから
寂しいのかな

いたずらすることで
注目されたかったの
かも…

叱るだけでは
解決しない！

- 同世代の子が少ないために、疎外感を感じている可能性あり
- 他の子よりもこまやかなケアをしてあげる必要がある

小さなことに大事な
学びがひそんでいる
ことも…

ここがポイント！

小さなことは大きなこと！

コラム② なぜ僕は20歳で起業をしたのか②

前回（26ページ）では、中学2年の私が、「ゆとり教育」を語る著名人に電話で取材アポを取ろうとするところまでお話をしました。

その結果、なんと、ほとんど全ての方が応じてくださりました。やはり、教育を語る方々ですから、子どもからの取材には応じてくださるのですね。感激でした。

でも、さらに感激したのが、大人の方々がここまで僕ら子どものことを真剣に考えてくれているとわかったこと。「教育は人づくりだから、社会づくりなんだ」と語る方々を「かっこいいな」と思うようになりました。

（とは言え、もちろんアポの取り方で失礼なことをしてしまったこともありました。K大学の某教授は「いきなり電話で取材申込みなんて失礼だ」と校長先生にクレームを言い、僕は校長先生より厳重注意を受けることになり……トホホ……。ご迷惑をおかけしました……。）

この経験から、私は教育問題に目覚めたのです。毎学期のレポートを「総合的学習の是非」「AO入試の問題点」「奉仕活動義務化は必要か」など、とにかく教育問題を論じ続けました。取材もコツコツ続けていきました。その結果、高校1年生までに合計で100人以上に取材をさせて頂くことになりました。レポートも長々と書き、それぞれ合わせると10万字以上を教育問題で書いたことになりました。

まだ大学受験なんて意識する年齢ではありませんでしたが、「東大の教育学部に行きたい」とも思うようになりました。理由は、レポートの参考文献の中で、最も面白いと思った本の何冊かが、東大教育学部の教授のものだったのです。

この本に書いてある勉強法を実践しながら運良く東大に現役で合格した僕ですが、起業するまでには少し紆余曲折《うよきょくせつ》がありました。まず、入ったのは体育会のホッケー部。「練習は週5日」と言われて安心していたのですが、大学の体育会はそんなに甘いものじゃない。週5日というのはあくまで全体練習で、自主練や筋トレ、ミーティングを入れると毎日何かしらがありました。

入学当初は毎日毎日、ひたすらホッケーをしていました。正直、「教育学を学ぶため」という東大入学の本来の目的も忘れていました。

でも、大学2年の夏のことです。怪我をしてしまったのです。肉離れを3回もしてしまいました。お医者さん曰《いわ》く、「もう全力で走ることはできません」。

悔しくてリハビリをしていましたが、まわりの仲間が練習をしている間、私はグラウンドの横で腹筋をしている状態。そこでふと思いました。「なんで東大に入ったんだろう」と。「ホッケーだけをするためではないだろうし、少なくとも腹筋をするためではないな」と（笑）。

その日から、ひたすら本を読むようになりました。リハビリなんて普段の練習と比べれば軽いものですので、読書をする体力はあり余っていました。決めたルールは「1日1冊」。

乱読をする中で、やはり面白いと思ったのが教育学の本でした。「そうだ、このために東大に入ったんだった」と改めて気付かされた僕は、「何かやりたい」と思うようになりました。

「若いけど、僕らにも何かできることがあるかもしれない」
「ひょっとしたら、僕らにしかできないこともあるかもしれない」

必死にアイディアを考えました。その時に思いついたのが、「勉強のやり方」。僕は効率的な勉強のやり方のおかげで、いろいろ両立しながら東大に現役合格することができたので、それを中高生に伝えたら喜んでもらえるんじゃないか、と。

でも、株式会社を起業なんてするつもりはありませんでした。ベンチャーというと「胡散《うさん》臭い」という偏見すら持っていましたから……。でも、あることがきっかけで、「仕方なく」起業することになったのです。

僕には「学校を創りたい」という夢がありますので、とりあえずいろんな学校にお話を聞いてみました。「何か一緒にさせていただけないでしょうか」と。

でも、そこで言われたのが「一緒にやってもいいけど、法人でないと契約書が交わせない」ということでした。

なるほどそれは仕方ない、と思うようになりました。「会社作らなきゃな」と思っていたところ、いろんな出会いがあり、旧友などと共に会社を起こしたわけです。

よく「昔から起業したかったの？」なんて聞かれることがありますが、とんでもない。「仕方なく」作ったのです。やりたいことがあったから、仕方なく起業しました。

おかげ様で起業してから5年近くが経ちました。まだまだ小さいベンチャー企業ですが、日本の教育を変えるくらいのインパクトが持てるよう、これからも地道に頑張りたいと思っています。

3
時限目

やる気が長続きしない！
——持久力を高めるための思考法

1 どうしたら勉強を「面白い」と思えるか

自分で動いて「種」を見つけよう

『勉強がキライなあなたへ　学びを楽しむ22のレッスン』（高陵社書店）という本の中で、「勉強とは、花を咲かせることだ」と書いたことがあります。

植物は、種をまき、水をやり、世話をしてやると、時期がくれば花が咲きます。

勉強もそれと同じで、自分が「面白い」と思える分野（種）を探し、調べたり考えたり（水やり）し続けると、どんどん面白くなって、そのことが大好きになるのです。

そのためには、「勉強している内容がつまらないから」なんて言わずに、自分で面白いことを探さなくてはなりません。

誰かが面白いことを教えてくれるのを待つのではなく、自分で動いて、探してみる。これが、勉強を楽しむための第一歩ではないかと僕は思っています。

同じようなことが、仕事にも言えます。

僕が株式会社を立ち上げたのは20歳のときでした。お金も人脈も信頼もない大学3年生の僕。アルバイトでコツコツと資本金を貯めました。日々、事務作業ばかり。最初は新鮮でしたが、ルーティーンワークになって、「俺、何してるんだろ……」なんて思うこともありました。

でも、そういうときこそ地道な仕事をばかにせず、それらの仕事の中でなんとか楽しめそうな「種」を探しました。

単純作業は時間を測ってゲームのようにしてみたり、頭を使う作業と交互にして飽きないようにしてみたり。少しずつ、楽しくなってくるものもありました。

仕事とは、自分で楽しくしていくものなんだな、勉強と同じなんだな、と学びました。

「できること」を増やし、興味の入り口を作る

それでも、「楽しいなんて思えない」というときにはどうすればよいのでしょうか。

僕は、「できることを増やす」という提案をしたいと思います。

勉強でいうと、「数学が好きだから、できるようになる」だけでなく、「数学ができるから、好きになる」という面が、たしかにあります。問題がスラスラ解けると、気持ちいいですからね。

仕事なら、嫌いな仕事ほどそれの「名人」になってしまえば面白くなってくるのではないかと思います。たとえば、パソコンの作業がキライな人は、あえてパソコンの資格を取ってみるとか。得意だという意識が仕事を楽しくするのではないかと思うのです。

もうひとつ、これも中高生に言っていることですが、「自分の興味の入り口を探してみる」のもおすすめです。

たとえば、英語が苦手だ、という人は、

・洋楽を聴いて、好きな曲の歌詞を調べ、歌えるように丸暗記する。
・洋書を読む（日本の漫画の英訳でも！）。
・洋画を観て、気に入ったフレーズを暗唱。
・英語で日記を書く。

など、英語に触れる機会をいろいろ作り、「面白い」と思えることを探してみるのです。

糸口が見つかれば、興味が湧いて、自然と勉強したいという気持ちになりますよね。

先ほどのパソコンの例のように、キライな仕事ほど一生懸命取り組んでみるのもひとつの手かもしれません。

仕事や勉強を「面白い」と感じるためには？

「できること」を増やそう

理科系は苦手だったけど、
生物学の本を読んだら、
分かることが増えてきた！

面白い！

どちらもあり得る

好きだからできる

できるから好きになる

興味の入り口を探そう

英語が苦手だ

好きなコトから
トライしてみよう！

洋画を観て
気に入った
フレーズを暗唱

漫画の英訳
を読む

ここがポイント！

仕事も勉強も「面白い」の種を探し続ければ、どんどん面白くなる！

2 自分を変えるなら、小さなことでも今日始める

「始める」だけで、もう半分終わっている！

毎日、同じ時間に職場に行って、仕事をこなし、疲れて帰ってきて……。

「自分の生活がマンネリ化しているなぁ」と思うことって、ありますよね。

日々の生活を変えたい、自分を変えたい、と思ってはいるものの、どうも気分が乗ってこない。ついつい、いつものペースで流されてしまう。

忙しかったり、疲れていたりすると、そうなるのも無理はありません。

でも、もしも「変わりたい」と思っているのであれば、たったひとつだけ、実行してほしいことがあります。

それは、

「今日からなにかを始めてみる」

ということです。

どんな小さなことでもかまいません。

「30分だけ、いつもより早く寝て、朝30分早く起きる」

と、生活習慣を変えてみるのもいいですし、

「仕事を始める前に10分間、机の整理整頓をする」

「会議で、必ず1回は発言する」

「苦手な人に、こちらからまずあいさつする」

など、日頃できていないけれど、やったほうがいいよな、と感じていることを、思い切って実行するのもいいと思います。

「始まりは全体の半分である」というギリシャのことわざもあるように、なにかを始めることで、もう半分、自分は変わっています。

まずは、行動してみること。

行動することで、自然に意識も変わっていくのではないか、と僕は思っています。

モチベーションは続かなくても当たり前

「さっそく始めてはみたものの、長続きさせるのは難しいよなぁ」

新しい行動を始めたら、誰しもすぐ、こんな問題に直面するものですよね。

始めることで、すでに半分は変わっているのですが、残りの半分が難しい。その半分とは、「継続する」ということです。

継続するというのは、いわゆる「モチベーション」に関係します。

よく、中高生から「モチベーションが維持できません」という相談を受けるのですが、そもそも、モチベーションなんて続かなくて当たり前ではないか？　と僕は思っています。

ある程度の負荷をかけてなにかをやろうとしたとき、モチベーションがずっと維持できるはずがない。下がるのはごく自然なことです。

だから、モチベーションが下がったからといって、「俺はダメだ！」と落ち込む必要はまったくないと思います。

「今日はホントにダメだ」「まったく集中できない」という「×の日」があっても仕方がありません。そんな日は、潔《いさぎよ》くあきらめて、好きなことをやるのもよし、早々に寝てしまうのも、またよしです。

大切なのは「×の日」を2日続けないことです。

トータルで見たときに、少しずつ上がっていけばいいのです。

「やる気」はどうしたら持続できる？

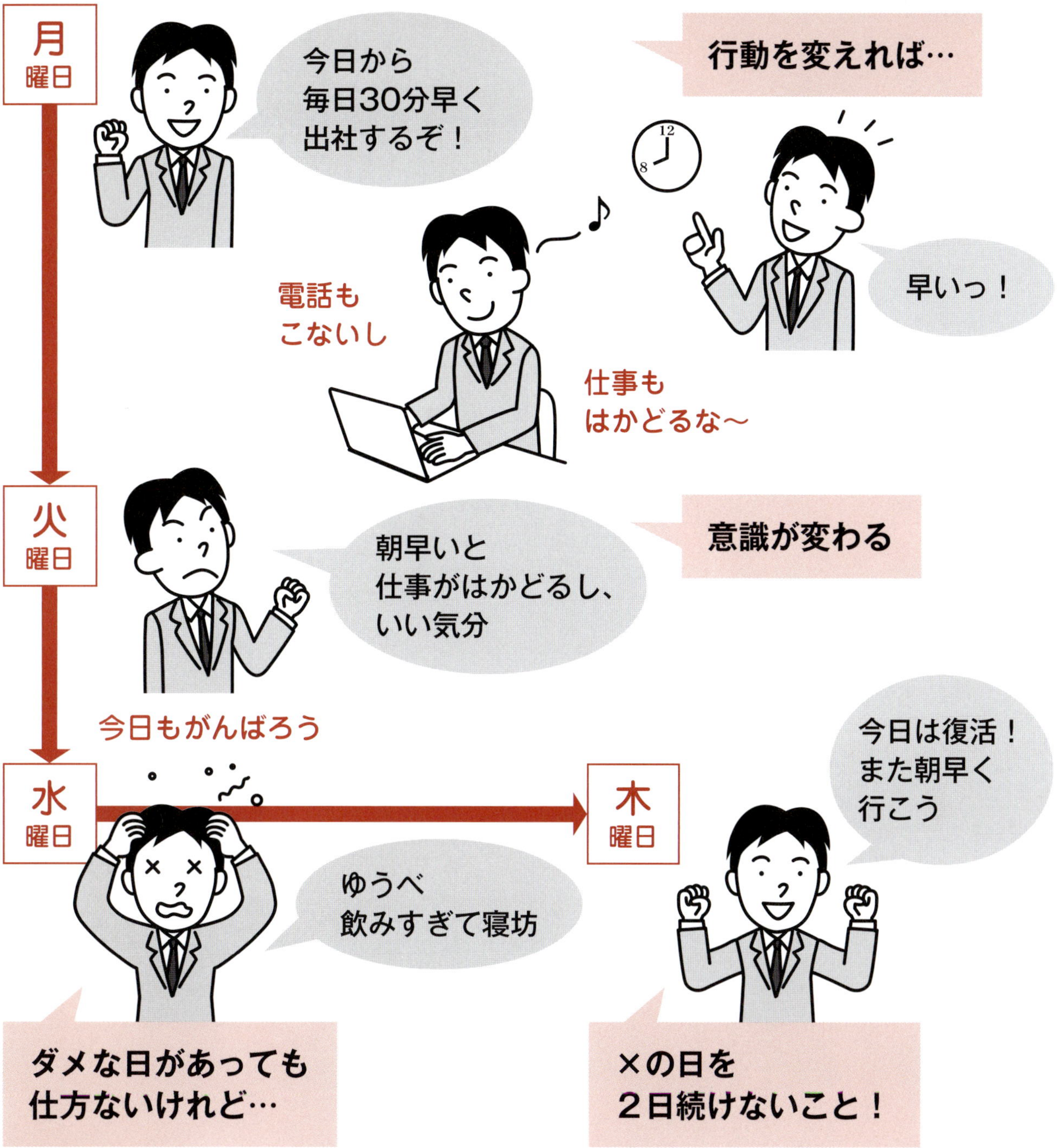
月曜日
今日から
毎日30分早く
出社するぞ！
行動を変えれば…
電話も
こないし
仕事も
はかどるな～
早いっ！
火曜日
朝早いと
仕事がはかどるし、
いい気分
意識が変わる
今日もがんばろう
水曜日
ゆうべ
飲みすぎて寝坊
ダメな日があっても
仕方ないけれど…
木曜日
今日は復活！
また朝早く
行こう
×の日を
２日続けないこと！

ここが
ポイント！

「モチベーション」は続かなくて当たり前。
ダメな日を２日続けないことが大事

3

1・01倍で成長することを意識する

なぜ、三日坊主になってしまうのか?

なにかを始めても、三日坊主で長続きしない。

最初は調子よく進むのに、すぐに能率ダウンしてしまう。

こんなふうに、途中で失速するタイプの人がよくいます。

「ローマは一日にして成らず」「大河の水も一滴から」と、ことわざにもあるとおり、何事も小さな努力をコツコツ積み重ねることはたしかに大事です。

「そんなこと分かってるけど、そのコツコツが難しいんだよ!」

本当にそうですよね。

でも、「自分は三日坊主だから」という人には共通点があります。それは、「スタートダッシュ」をしてしまうということです。

最初からハイテンションで突っ走ってしまうと、すぐに息切れしてしまうのも無理はありません。

もっとラクにいきましょう!

たとえば、あなたがマラソン大会に参加するとしたら、最初の練習からいきなりハイペースで走ったりはしませんよね。

まずは体が慣れるまでウォーキングし、早歩きをし、ゆっくりジョギングする、というように、ちょっとずつペースを上げていくと思います。

具体的に言えば、ウォーキングができたら早歩き、早歩きができたらジョギング……と、徐々に階段を上がっていくように練習するはずです。

なにか新しいことを始めようとするとき、あるいは、今までとは違う仕事に取り組むときなどは、**階段をゆっくり上るようなイメージで、少しずつ成長すればいいのです。**

「ゆっくり急ぐ」ことで、無理なく成長できる

「少しずつ」というのは、具体的にどのくらいのペースでしょうか。

僕はいつも「1・01倍」を意識しています。

「1・01倍なんて、たいしたことない」と思いますか? そんなことはありません。

ためしに、電卓に1を打ち込み、それに1・01をどんどんかけていってください。

すると、1ヵ月(30日)で1・348、3ヵ月(90日)で2・449、1年(365日)では、なんと37・783にもなるのです!

すごいですよね。

毎日の仕事や生活のうえでも、前の日より少しずつ進歩するつもりで(それこそ「昨日の1・01倍」くらいの気持ちで)、なにかをプラスしてみませんか?

たとえば、今日は昨日より1件多く、お客様へのフォローの電話を入れようとか、帰りの電車の中で英単語を覚えてみようかなとか、そんなささいなことでいいのです。

目には見えないような小さなことでも、実行しているうちに、大きな効果を生み出すこともあります。

小さなことを積み重ねながら、少しずつ進んでいくこと。僕はこれを「ゆっくり急ぐ」と言っています。

あせらず、でも気を緩《ゆる》めずに、続けていきましょう!

1.01倍の気持ちで進もう

昨日よりプラスひとつ、
何かやってみよう
テレビで見たあれを
実践してみよう
今日は自分から
あいさつをしてみよう
帰りの電車で英語の
リスニングをしよう
仕事の新しいアイディアを
出してみよう

ここがポイント！

小さな積み重ねが大きな効果を生み出す原動力になる

4

やる気が起きないときは、簡単なことから手をつける

どうしても気分が乗らない…!

「やる気がない日があってもいいけれど、×の日を2日続けない」のがいいと書きました。

でも、どうしてもその日に終わらせなければならない勉強や仕事ってありますよね。モチベーションが低いときって、気分が乗らないから、どうしても体が動かない。

そういうとき、僕がいつもやっているオススメの攻略法を教えましょう。

それは、とにかく

「単純な勉強・仕事から始めてみる」

というものです。

勉強なら漢字や計算テスト

「単純な勉強・仕事から始めてみる」というのには理由があります。

脳の中には、感覚をつかさどる大脳辺縁系があり、そこには側坐核《そくざかく》という器官があります。体を動かすとここが刺激されて、やる気が出てくるのです。

だから、ガーッと体を動かすような、簡単で勢いのつく作業から始めるといいのです。

このワザは子どもたちに勉強を教えるときも、いつも使っています。

小学生に教えるときは、ゲーム感覚でサクサク進む漢字テストや計算テストから始めています。

中高生に教えるときは、英単語のテストから始めています。

彼ら、彼女らがこのような単純な勉強でリズムに乗ってきたところで、頭を使うような問題を解いてもらうのです。

仕事なら、マシンになったつもりでガーッとメール返信

僕自身も仕事を始めるとき、まずはガーッとメールを返信しています。

多いときは1日に何十通ものメールが来るので、マシンになったように、テンポ良く、無心でメール返信を終わらせます。

それで勢いをつけてから、頭を使う仕事にとりかかるようにしています。

こういう作業からサクサクと片付けていくと、「ダルいなぁ」と思う日でも、自然にやる気が湧いてきて、仕事のペースが戻っていくのです。

やる気がなくなったら、あきらめてしまわずに単純作業で勢いをつける。

ぜひともお試しください。

人間というものは意外と単純な生き物なんじゃないかと最近思ったりしています……。

気分が乗らない日にペースをつかむには？

今日はやる気が
出ないなあ…

こんな日は簡単な作業から片付けよう！

受験生なら…

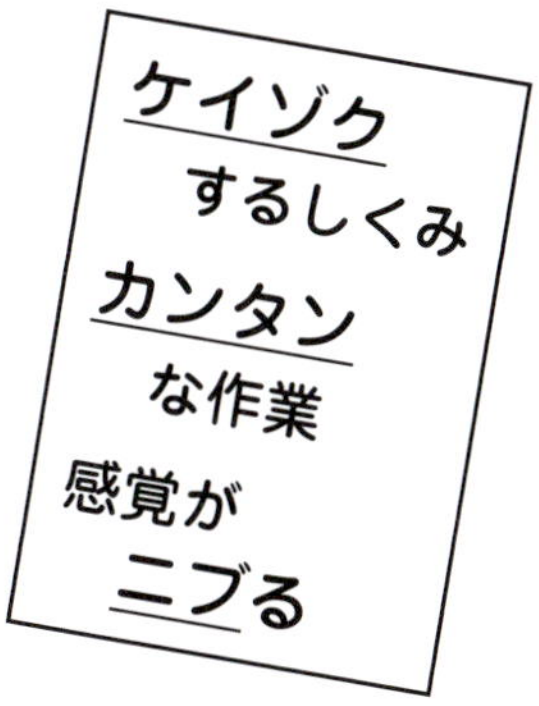
ケイゾク
するしくみ
カンタン
な作業
感覚が
ニブる

漢字ドリルや
計算ドリル

社会人なら…

5分間で！

デスクの片づけ

先日の
お問い合わせの
件ですが…

事務的な電話

マシンになったつもりで、サクサク行動していると…

ペースが
戻ってきたぞ！

ここが
ポイント！

簡単な作業で体を動かし、弾みをつけよう！

5 嫌い→好き→嫌いのサンドイッチにする

「好き」と「嫌い」を組み合わせれば「嫌い」も乗り越えられる！

物事を継続してやり続けるための「仕組み」として、気分が乗らないときは「単純な勉強・仕事から始める」という方法以外にもあります。

それは、

「好きなことと、嫌いなことをセットにする」

というものです。

中高時代、僕は「嫌いな科目ばっかりの火曜日は、学校に行きたくないな」「木曜日は好きな科目が多いから楽しみだな」なんて、よく思っていました。

みなさんも、そういう経験をされたことがあるのではないでしょうか。

自分で勉強するときは、つい「好きな科目ばかり」に偏《かたよ》ってしまいがちですが、苦手な科目もやはり勉強しなければなりません。

かといって、苦手ばかりが続いてしまうと、勉強そのものが大キライになってしまいます。

でも、好きな科目をやったら、次は嫌いな科目、というふうにセットにすると、乗り切れることが多いのです。

「苦手なこと」になかなか移れないときは？

これを僕は、仕事にも応用しています。好きな仕事と嫌いな仕事をセット（サンドイッチ）にしてやるようにしています。

「アイディア出しは楽しいけど、企画書をまとめるのはどうも苦手だ」

「事務仕事はしんどいけど、外回りは気合いが入る」

などなど、誰でも、好き・嫌い、得手・不得手があるものです。

そんなときには、得意なことと苦手なことをセットにして、一日のスケジュールを組んでみると、気持ちのうえでもバランスが取れるのではないかと思います。

あるいは、ルーティーンワークのように「ラクにできる仕事」と、企画書を作成するなど「気合を入れないとできない仕事」を組み合わせるというのもいいですね。

ただし、組み合わせ方には注意してください。

「嫌い（苦手）なこと→好き（得意）なこと→嫌い（苦手）なこと」のように、「まずは苦手なことから片付けちゃおう！」という順番ならば、問題はないのですが、「好きなこと→嫌いなこと→好きなこと」の順序だと、好きなことから二番目の嫌いなことへ、スムーズに移れないケースがあるのです。

また「時間」という名のプレッシャーをかけるのも手です。たとえば、1時間後に打ち合わせを入れておいて、絶対に次の仕事に移らざるを得ない状況に自分を追い込むのもよいでしょう。

もちろん、仕事は受験勉強のように「社会を1時間やって、次に数学……」などと自分だけでスケジュールを決められるわけではありません。

でも、自分の性格や仕事の内容を考慮しつつ、自分なりに順序を組み立てることは、効率よく進めるうえで、大事なことだと思います。

どんな方法がベストなのか、ぜひ、工夫してみてください。

サンドイッチ方式で「苦手」を乗り切る

まずは“ちょっと苦手なこと” “苦手な科目”から…

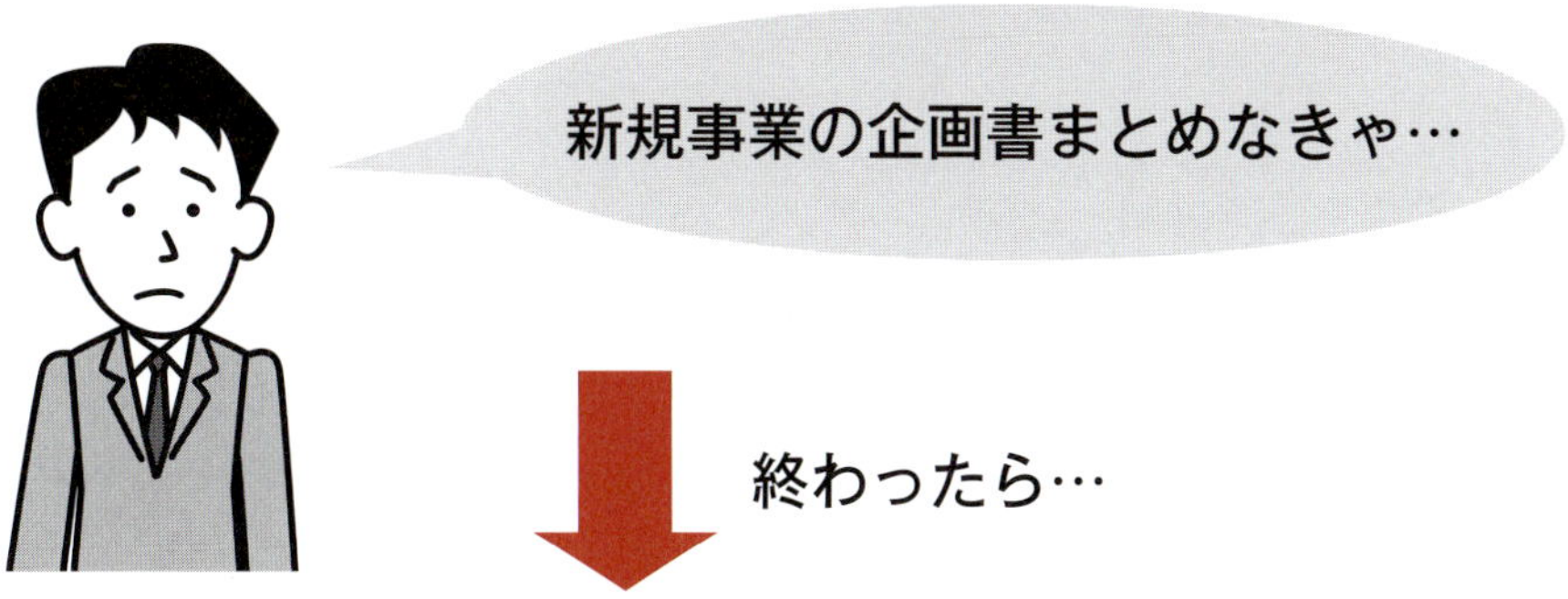
新規事業の企画書まとめなきゃ…

終わったら…

マイペースでできるラクな仕事、得意科目を…

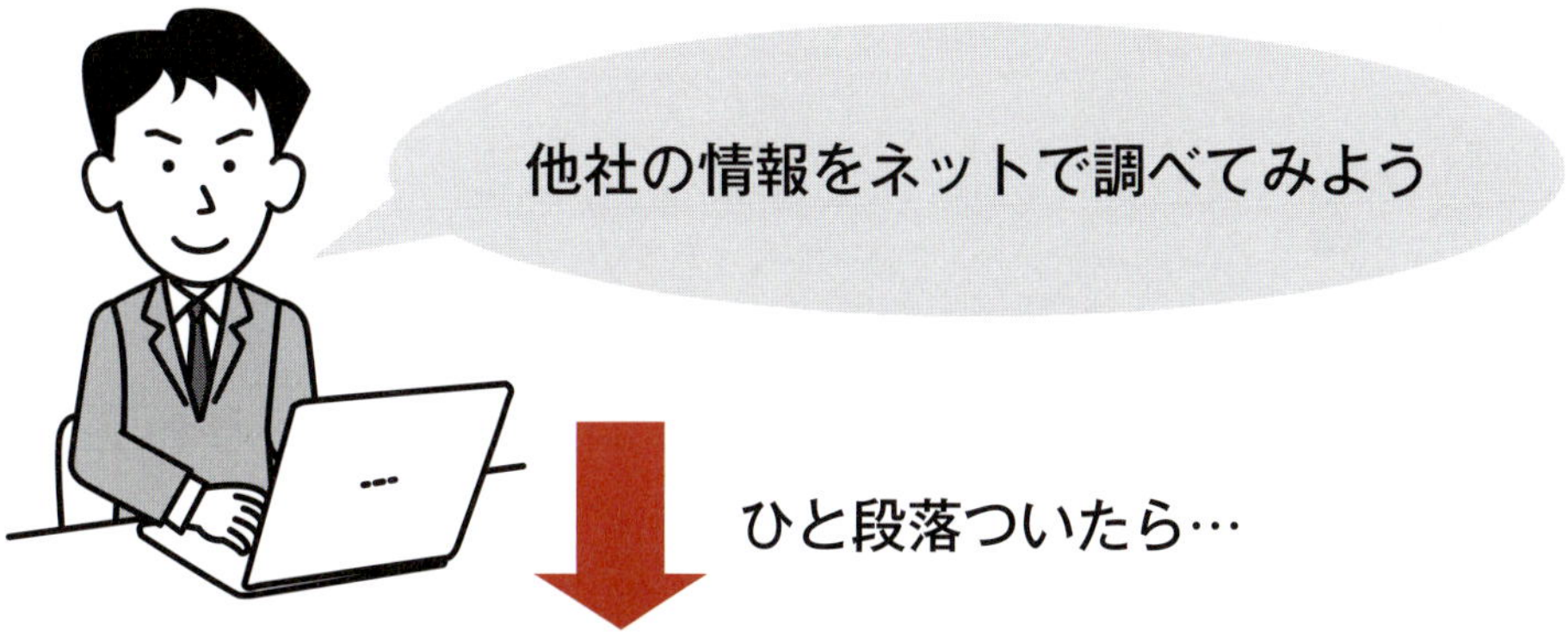
他社の情報をネットで調べてみよう

ひと段落ついたら…

再び“ちょっとやっかいな仕事” “苦手科目”にチャレンジ

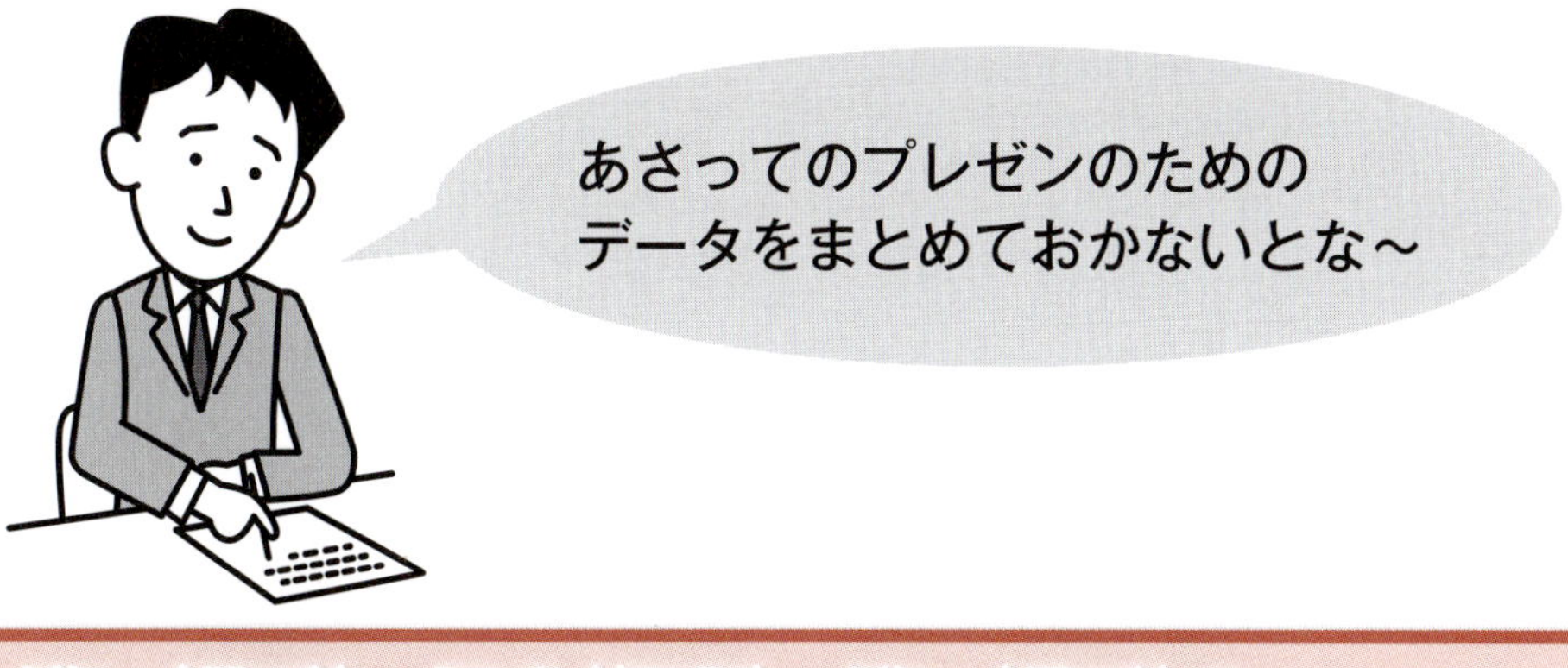
あさってのプレゼンのための
データをまとめておかないとな～

ここがポイント！

**嫌い（苦手）→好き（得意）→嫌い（苦手）の
サンドイッチ方式にすれば、続けられる**

6 気分が乗っても、徹夜してはいけない

「モチベーション」アップと「テンション」アップは別モノだ！

前の項目とも、ちょっと連動するお話ですが、もうひとつノウハウを紹介させてください。

仕事や勉強を始めたら、なぜかすごく気持ちが乗ってきた、と感じることがありますよね？

「今日はいけるぞ〜！」と張り切って、夜遅くまでがんばり、久々に徹夜までしてしまった。

こんなふうに、気持ちが上がっているときは、とても快感です。

でも、問題なのは次の日。

徹夜などをしたあとは、たいてい疲れてダウンしてしまいますから、次の日はまったく使い物にならなかった、ということもあり得ます。

すると、トータルで見ると、効率の悪いやり方だった、ということになってしまうのです。せっかくがんばったのに、これではガッカリですよね。

「よし、やるぞ！」とはりきって、限界を超えてがんばり続けてしまうとき、上がっているのは「モチベーション」ではなく、「テンション」です。

つまりハイテンションになっているだけなのです。

テンションは、上がれば必ず下がってくるもの。下がってしまうと、仕事や勉強そのものに嫌気がさしてしまうこともありますから、要注意です！

トータルで見たときに最も効率のいい方法を目指そう

「なんだか、今日はテンションが上がっているな〜」と思ったら、気持ちに任せて一気に波に乗ろうとするのではなく、そんなとき僕はいつも逆にちょっと気持ちをセーブするようにしています。

「一気にやってしまおう！」とすると、疲れて次の日にダウンする危険があるばかりでなく、「出し切った感」に浸《ひた》ってしまい、意欲がそがれてしまうことも少なくないからです。

仕事や勉強は毎日続くものですから、トータルで考えることが大事です。

そのためには、

「2日間のパフォーマンスの合計を最大化すること」

を意識するようにしてみてください。

「昨日はいつも以上にがんばったけど、今日はまったくできない」という状態よりも、「昨日も今日も、やるべきことをきちんとやった」という状態のほうがよいのです。

ほどよく自分のペースを保ちながら、日々の仕事をこなしていく。これが大事です。

いたずらにテンションが乱高下すると、仕事や勉強の効率が悪くなるだけでなく、生活リズムも崩れますし、健康面でも、精神衛生上も良くありません。

肩の力をほどよく抜いて、淡々と前に進みましょう！

「波に乗りすぎ」は要注意！

コレは ×　テンションが乱高下する

今日はイケるぞ～
どんどん
やっちゃおう！
徹夜でがんばる
次の日…
疲れた～
頭がうまく
働かない…

コレは ○　今日も明日もマイペースで！

今日はノッてるな～
今日は
このへんにしておくか
もう22時！
次の日…
よしっ！
今日も
がんばろう

ここがポイント！

出し切る前に仕事をやめれば、2日間の合計は最大になる！

7

自分の弱さに負けて、新しいことを始められない

4つの順序で誰かに宣言してしまえ！

ひそかに「やってみよう」と思う目標があるが、実行に移せない。

そんなときは、「誰かに宣言する」ことで、解決する場合があります。

人と一緒に仕事をするときには、迷惑をかけられませんから、自分を追い込んでもやるでしょうが、一人で抱えているときには、ついつい、自分に甘くなります。

「できなかったけど、まあいいや」
「明日から手をつければいいか」

と、いつまでたっても進まないのです。

でも、**人に宣言することで、「背水の陣」を敷くことができます。**

人に目標を宣言するとき、僕は次の順序で話しています。

【人に宣言する4ステップ】

① **実現させたいことを話す**
（私は○○がしたい）

② **なぜ、実現したいかを話す**
（なぜなら、○○だから）

③ **いつまでに実現したいかを話す**
（○年◎月までに終わらせる、など）

④ **実現できたら、もしくはできなかったらどうするかを話す**
（もしできたら○○、できなかったら△△）

これを、できるだけ多くの人に話しましょう。

自分を応援してくれる人はもちろん、批判的な人にも話すのです。

応援してもらえれば勇気が出ますし、逆に批判されると、かえって闘志が湧くこともあります。たくさんの人から、いろいろな意見をもらうのも勉強になるものです。

応援も、批判も自分の糧として活きてくる

この4ステップの宣言は、「○○大学に合格したい！」というような受験勉強に効果的なのはもちろん、勉強以外でも役立ちます。

実際に、僕が起業するときにも、この方法を使いました。

僕は20歳のとき、「今年の5月に起業するぞ！」と決意をし、周囲の人たちに宣言をしました。

はじめのうちは、誰も信じてくれませんでしたが、ひたすら話し続けるうちに、応援してくれる人が増えていきました。

応援してくれる人が増えれば増えるほど、「あとには引けない」という気持ちになります。退路が断たれるわけですね。

なかには、「ムリだから、やめとけ」とか、「起業をなめるな」なんて、批判的なことを言う人もいましたが、それはそれで、貴重な意見として受け止めました。

もちろん、言われた瞬間はムカッとくるのですが、悔しいと思うことで、ますますエネルギーが湧いてきて、奮起する自分がいたのです。

自分一人で抱え込むよりも、周囲に話し、周囲からパワーをもらいながら、やるべきこと、やりたいことを実現させていきましょう！

人に宣言して、やりたいことを実現しよう

宣言の4ステップ

ステップ1　実現させたいことを話す

ファイナンシャルプランナーの資格を取ります！
へぇ～

ステップ2　なぜ実現したいかを話す

お客様にもっと的確なアドバイスをしたいから
信頼も得られるし…

ステップ3　いつまでに実現したいかを話す

来年５月の試験で合格を目指します！
ガンバレ！

ステップ4　実現できたら（orできなかったら）どうするかを話す

受かったら、いずれ独立したいなぁ～
スゴイッ！

ここがポイント！

宣言することで退路を断つ！

8 「壁」は「階段」に変える

大きな目標は細分化することで具体化する

先ほどの項目で、「人に宣言する」ことを述べました。

「次回の○○資格試験に合格するぞ！」
「5月には起業する！」
「来期には売り上げ10％増を目指す！」

このような感じで、人に対して宣言する内容は、シンプルで大きな目標でOKです。

でも、これはまだ達成したことのない目標なので、自分の中で具体的にイメージしにくいですよね。

具体的にイメージできないと、成功イメージも湧かないため、途中で挫折する恐れも出てきます。「壁」に感じてきてしまうのです。

そこで、人に宣言するような中長期的な目標のほかに、そこに至るための小さな目標も、きちんと設定しておくことが大切です。

デカルトは「困難は分割せよ」と言っています。

大きな、高い目標を掲げたときには、それを細分化し、「階段」にしていくことが必要なのです。

人に宣言するのが、「壁」だとしたら、細分化した目標は、いわば自分のための「階段」です。

目の前の目標をクリアすれば、大きな目標へ一歩前進する

では、「階段」は、どうやって作ればいいのでしょうか？

簡単にいえば、「壁」を超えるための「計画」を考えればいいのです。

大きな目標から逆算して、やるべきことを細分化し、今日やるべきことまでブレークダウンするのです。

受験勉強を思い出してください。

「○○大学に合格するぞ！」という目標を達成するために、「今日は数学の問題集を5ページと、英語の模試で間違えたところの解き直しをしよう」などと、小さな計画を立てていたのではないでしょうか？

仕事でいうならば、

「今月中にA社との契約を取る！」
という「壁」があったら、
「今日の午前中に、A社の担当を説得するための資料を作ろう」
などと、小さな「階段」を作るわけです。

設定したら、あとはやるだけ。小さな「階段」を一段ずつクリアしていけば、「大きな目標」にも近づきます。

ただ、「計画を立てても実行できなかった」とか、「思うように進まなかった」ということもありますよね。

そういうシーンに柔軟に対応するために、**「計画を立て直す」という項目も、スケジュールに定期的に入れておくのがポイントです。**

軌道修正するための時間を、あらかじめ計画に組み込んでおくことで、「あぁ、計画どおりに実行できなかった！」と自信をなくしたり、途中で挫折するリスクを抑えることができます。

大きな目標は「階段」にして進めよう

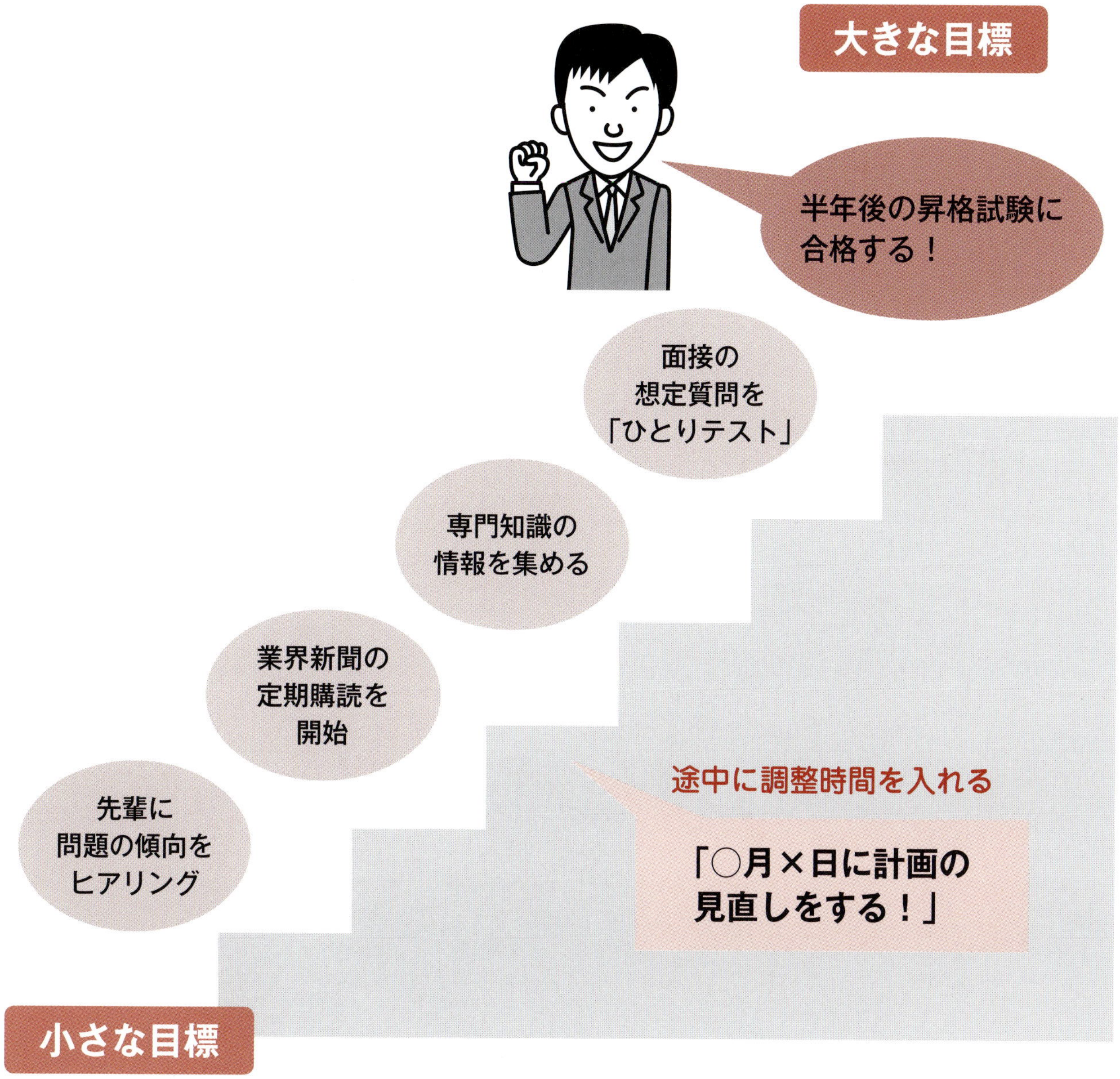
大きな目標
半年後の昇格試験に合格する!
面接の想定質問を「ひとりテスト」
専門知識の情報を集める
業界新聞の定期購読を開始
先輩に問題の傾向をヒアリング
途中に調整時間を入れる
「○月×日に計画の見直しをする!」
小さな目標

ここがポイント!

目標に向けて「やるべきこと」を細分化していけば、あとは1つずつクリアしていくだけ!

9 あの人だったらどうする？と考えてみる

悩んだときには、「大きなこと」を考えよう！

尊敬する上司や、先輩の仕事のやり方をまねする、というのは、自分のやり方を見直したり、もっとよいやり方を探すために効果的ですよね。

これをさらに広げて、

「歴史上の偉人だったらどうするか？」「尊敬する、あの経営者だったら、どう乗り切るだろう？」

などと考えると、自分がとらわれている枠の中から、ふっと抜け出せることがあります。

僕は〝Think big（大きなことを考える）〟という言葉が好きなのですが、偉人に学ぶ、というのは、まさにこれではないかと思います。

なにかを悩んでいるときは、つい、近視眼的になり、そのことに心がとらわれてしまいがちです。「自分のやり方が良くないのかも……」と思いつつ、解決策が分からないときなどは、迷宮に入ってしまったような気分を味わうものです。

そんなとき、偉人になったつもりで俯瞰《ふかん》してみると、**「こういう考え方もできるかも」とか「すごい人もいるよな。この程度で悩んでいたらダメだな」**と、さまざまな**「気づき」**をもたらしてくれることが、よくあるのです。

齋藤孝さんの『偉人たちのブレイクスルー勉強術』（文藝春秋）は、アインシュタインや夏目漱石などの偉人の勉強法が書かれている本なのですが、高名な哲学者、木田元《きだげん》さんの項を読んで、驚きました。

木田さんは、大学でドイツ語の勉強を始めたとき、カントの『純粋理性批判』に出てくる単語をすべて辞書で引いて覚えたのだそうです。

日本語訳でも難しいこの本を、原書で、しかも単語をすべて辞書で引いて覚えるなんて！　なかなかできることではありません。

しかも、先生は3ヵ月間、1日8時間くらいかけて勉強したそうです。ものすごい精神力ですよね。

普通なら、「いやいや、自分にはムリでしょ」と流してしまいがちですが、もし、外国語を勉強していて、木田先生にあこがれている人が読んだら、「自分もやってみようかな？　ひょっとすると少し先生に近づけるかもしれない」という思いが湧《わ》いてくるかもしれません。

自分とは違った視点で問題を見てみると、新しい発見があるものです。

尊敬する人からエネルギーをもらう

じつは、僕もこれと似たようなことをやっていました。

小学生のとき、サッカー選手を目指していた僕は、Jリーガーの三浦知良《かずよし》選手の学生時代のエピソードに感銘《かんめい》し、ひたすら練習に励んでいたのです。「偉大な先人に学ぶ」ことでモチベーションを上げていたのですね。

歴史上の偉人は、たいてい伝記が残されていますから、あこがれの人の伝記を読むのもいいですし、尊敬する経営者や、あこがれのスポーツ選手の本を読んでみるのもいいでしょう。

そこから違った視点をもらい、視野を広げ、今ある課題に取り組んでいきましょう！

Think big！　(大きなことを考える)

あの人ならどうするか？　を考える

新しい仕事、
引き受けたほうがいいのかな？
それなりのリスクもあるし、
どうしよう…？
スティーブ・ジョブズなら
どう考えるかな…？
織田信長ならどう行動するかな…？
視点が
切りかわる
こういう考え方があったか！
よしっ！
僕もやってみるぞ

ここがポイント！

違った視点で問題を見てみると、正しい決断ができるかも…!?

コラム③「ながら勉強」ってダメなの？

お菓子食べながら、音楽を聴きながら、TVを観ながら……これらは何かをしながら勉強をしているので「ながら勉強」と呼ばれています。

これらは、受験勉強の世界では「ダメ」と言われるのが通例です。僕自身も、「推奨はしない」という立場をとっています。なぜならば、「集中できないことが多い」からです。お菓子をボリボリ食べながら勉強していると、気づけばお菓子に気を取られていたり、指先が汚れるのが気になったりしてしまいます。音楽を聴いたりTVを観たりしていると、それらが気になって集中できなくなることが多いのです。

でも、「ながら勉強」はうまく活用すれば、大きな効果が発揮されると思います。メリットは大きく分けて2つあります。

1．勉強が「苦」にならなくなる
2．音楽は（選べば）効率が上がる

1つ目は、勉強が「苦」にならなくなるということです。この視点を持たずに「ながら勉強」はいけないと決めつけるのはナンセンスだと思います。

とくに「よし、勉強を始めてみようかな！」と最近思い始めた、いわゆる「勉強に慣れていない人」向けの話なのですが、勉強って始めてもすぐモチベーションが下がってしまいますよね。それで嫌になってしまったり……（本文52ページにも書きましたね）。

でも、勉強は大きく分けて2つあるんです。それは「ガチな勉強」と「ゆるい勉強」。前者は、図書館にこもって勉強するような、ガチモードでの勉強。辞書片手に、頭をフル回転させるような勉強です。それと違って後者は、カフェなどでのんびり勉強するような、ゆる目の勉強。わからないことがあっても、たまにはスルーしてみたり。ちょっと楽しみながらする勉強です。

じつは、勉強を始めたばかりの人の中には、勉強を「ガチじゃなきゃダメ」と勘違いしてしまっている人も多いのです。でも、「ガチな勉強」ができるのは、モチベーションが高いときのみ。慣れてくればその時間が長くなってきますが、それまでは「ゆるい勉強」でいいのです。

この「ゆるい勉強」のとき、勉強を楽しくしてくれるのが「ながら勉強」です。だって、お菓子をボリボリ食べながらの勉強って楽しいじゃないですか。好きな音楽を聴きながら勉強したり、ドラマを見て、CMに入ったら勉強したり。それだっていいのです。

もちろん、「ガチな勉強」の時間が長いにこしたことはないのですが、「もう無理！」とやめてしまうくらいであれば、「ながら勉強」をうまく活用してみてください。

2つ目は、「音楽は（選べば）効率が上がる」ということ。僕の東大の友人にもいますが、「無音状態だと集中できない」という人もいます。僕自身、そういうときもあります。事実、本の原稿を書いているときも音楽が流れていることが多いです。でも、それは「集中して書くため」に聴いています。眠い頭を興奮状態にして頑張るときにはヒップホップやハードロックを聴きますし、落ち着いて書きたいときは「波の音」をBGMにしたりしています。

無音が苦手な人は、BGMを活用してみてください。でも、それは「集中するため」の手段です。手段が目的にならないように気をつけてくださいね。

あと、付け足しとして豆知識をお話ししましょう。それは、「ガチな勉強」をしたいときは、お腹がすいてもすぐには何かを食べないほうがいい、ということ。実は、人間の身体は「危機的な状況」になるとアドレナリンなどが出るのです。お腹がすいたら、文字通り「ハングリー」になれて頑張れるわけです。頑張りたいときは、「食べながら」ではなく、あえてお腹をすかせて一気に勉強してしまうのもよいでしょう（もちろん、全く食べないとそれはそれで集中力が低下してしまいますので、注意してください）。

そして、この原稿を書いている今もお腹はペコペコです……。このコラムを書き終わったら何を食べようか考えながら、必死に集中して書き続けました。よし終わった！　さぁ、ラーメンでも食べにいこうかな!!

4時限目

勉強する時間がない！
──ムダを作らない時間管理術

1

「やらないこと」を決めると、時間は生まれる

ムダな時間を「断捨離」しよう！

「断捨離」という言葉が流行《はや》って久しいです。

いらないものを断ち、捨てて、物への執着から離れる。

この考え方は、勉強や仕事でも、大事な考え方なのではないかと思います。

たとえば、「今日は時間があるから、語学の勉強をしよう！」と決めたのに、ついついテレビを観たり、ダラダラしてムダに時間を過ごしてしまう、ということがありませんか？

仕事でも、パソコンをいじりながら、ついネットサーフィンしてしまったり、トイレやコーヒーを飲みに何度も席を立ったり、同僚とムダ話をしてしまったり、……ということがありますよね。

とくに、なんとなくやる気が出ないときなどは、そうやって、やるべきことを延ばし延ばしにしてしまいがちです。

でも、こういう時間は、勉強や仕事の大敵です！　リラックスする時間ももちろん必要ですが、なんとなくダラダラ、というのはやはり避けるべきでしょう。

休むときは休み、やるときはやる。
そんなメリハリのある生活を送るために、僕は、「いらない習慣リスト」を作っています。

たとえば、

「メールチェックは30分以上かけない」

「寝る前の2時間は何も食べない（胃を休めて熟睡するため）」

など、「ＴＯ ＤＯリスト」ならぬ「ＮＯＴ ＴＯ ＤＯリスト」を作っています。

大学受験のときは音楽（当時はＭＤでした）を聴きながら勉強するのにハマっていたので、「定期テストや模試の2週間前からは音楽（ＭＤ）を聴かない」と決めていました。

「わかっちゃいるけど、やめられないんだよな……」と漠然《まんぜん》と思っているよりも、きちんとリストにして「見える化」したほうが、不思議と拘束力が働きます。

「やらないこと」を決めれば、時間管理がラクに

このリストは、なんとなくダラダラする習慣を断つ、ということだけでなく、時間管理をきちんとするためにも有効です。

「やることがいっぱいで、いつも時間に追われている感じがする！」

というときも、**「いらない習慣」を作ることで、やることを整理するようにしています。**

あれもやらなくちゃ、これもあるし……と手いっぱいの状態では、仕事に振り回されてしまい、余裕を持って仕事を進めることができなくなります。

「やるべきこと」をやる前に、「やってはいけないこと」をやめる。

適切な時間管理をするためにも、いらない習慣を「断捨離」する意識を持つことが大切だと僕は考えています。

NOT TO DO リストを作ろう

なんで毎日、
時間が足りない感じが
するのだろう？
原因を
考えてみた
この習慣が
いけないのかな？
メールチェックで2時間も…
ネットもけっこう見てるし
同僚とのおしゃべりも…

リスト化してみると…

- メールチェックは30分以上かけない
- ネットサーフィンはしない
- 寝る前に間食しない
- 同僚と長時間ムダ話をしない

けっこうあるなぁ…
これを貼っておくのは
恥ずかしいから、
手帳にでもはさんでおこう…

ここがポイント！

**ムダを省き、やるときはやる、休むときは休む、
としたほうが気持ちに余裕ができる**

2

スキマ時間だけでも、勉強は十分できる！

通勤時間もムダに過ごさない！

「やることがいっぱいあって、勉強する時間がない！」

これは、仕事を始めてから、僕が最初に感じたことのひとつです。

でもよくよく振り返ってみると、「そういえば、中学・高校時代も部活と勉強の両立に追われていたな」と気がつきました。

当時のノウハウが使えないかと考えてみたところ、「スキマ時間」を活用していたことを思い出しました。

部活や生徒会長、応援団長や文化祭実行委員などをやっていましたから、それらと勉強を両立するために、僕はとりわけ電車の中で過ごす時間を勉強タイムにしていました。

当時の僕は家から1時間30分かけて通学していました。電車に乗る時間だけで1時間、往復で2時間です。家に帰ると疲れて寝てしまいますので、この時間を活用しない手はない、と、なるべくその時間で勉強を終わらせようとしていました。

今でも電車の中の時間は大切にしています。

ラッシュの時間は大変ですが、スマートフォンを活用して、語学の勉強をしたり、ニュースを仕入れたりもできますし、会議や打ち合わせの「予習」をしたり、アイディアを練る時間に充《あ》てたりと、いろいろな時間の使い方をしています。

「今日はこれをやるぞ！」と決めて、真剣に取り組めば、意外と充実した通勤時間が過ごせるものだと驚いています。

「ちょっとした時間」の使い方で差がつく

大学受験前の話ですが、電車の中だけでなく、僕は歩いている時間も活用して、勉強していました。

たとえば、**電車を降りてから、学校に向かうまでの時間に、「英単語を3つ覚える」というノルマを課していました。**

電車を降りる前に単語を３つ頭に入れ、5分くらいの道のりを歩きながら、頭の中で唱え続けます。

帰りも同様に、電車を降りてから家につくまでの時間で、３つ覚えます。

つまり、往復で6個覚えられるわけです。「チリも積もれば山となる」のとおり、1日で6個なら、1週間で30個、1ヵ月では１２０個、1年間ではなんと１４４０個もの単語が覚えられるのです。

小さな時間でも、毎日続けていくことで、大きな結果を生みだすことができるのですね。

通勤やお風呂の時間、トイレの時間など、ちょっとした時間を見つけて、いろいろやってみてください。

それらを合わせて、生まれる時間が1日あたり「たった20分」だとしても、3日で1時間になります。

自分なりの「スキマ時間」を探して、一日24時間をフル活用してください。

スキマ時間はどこにある？

通勤電車で…
アプリで英単語を
覚えちゃおう
ラジオ講座を
聞いてみるか
お風呂で…
トイレで…
壁に貼って
定型文を暗記
会社で一服中
資料
喫煙室で
資料をチェック
コーヒーを
飲みながら
アイディアを練る
ランチの前後に…
待ち時間に
午後の予定を
チェック

ここがポイント！

1日たった20分のスキマ時間でも、3日で1時間になる！

3
「ギリギリ感タイマー」をセットする

危機感のある状況を作り出せ!

「集中力を上げるには、どうしたらいいですか?」

　学校で講演をさせていただくとき、この質問をよくもらいます。

　人が集中する状態には、大きく分けて2種類あります。

　ひとつは、「夢中になっているとき」です。好きなゲームをしているとき、テレビを観ているときなど、周囲の人が声をかけても気づかないほど集中していることがありますよね?

　もうひとつは、「危機感を覚えているとき」です。

　たとえば、朝寝坊して遅刻しそうだ! というときには、ものすごい速さで準備して、家を出ることができませんか? まさに火事場の馬鹿力というヤツですが、これは、危機感を覚えているからこそ出てくる集中力です。

　仕事をするときにも、こんな状態が作り出せたら、すごい集中間違いなしですよね。

　ただ、「仕事や勉強に夢中になれ」といっても、なかなかそううまくはいきません。でも、**「危機感のある状況」というのは、自分でコントロールすれば、作り出せます。**

　朝寝坊したときのケースと同様に、「時間がギリギリである」という状態を作り出せば、「なんとしても、時間内に終わらせなきゃ!」という気持ちになり、自然と集中力がアップするのです。

「絶妙なギリギリ感」が集中力を引き出す

「時間がギリギリである」という状況は、どうすれば作れるでしょうか?

　僕はいつもタイマーを活用しています。

「今から、この仕事を30分でこなそう!」と時間を区切り、タイマーをセットして、その時間内で終わらせる、と決めてとりかかるのです。

　ただし、セットする時間にはコツがあります。

　たとえば、僕が生徒に学習指導を行うとき、10分くらいかかりそうな数学の問題については、制限時間を8分に設定します。

「3分で解け」などと、極端にハードルを高くしてしまうと、「あぁ、無理だ」と途中であきらめて、逆に時間を気にしなくなってしまいますよね。これだと、タイマーで計る意味がないです。

「ちょっとムリかも……。でもひょっとしたらいけるかも!?」くらいの感じが、ちょうどいい時間です。

　僕はこれを「絶妙なギリギリ感」と呼んでいます。信号が点滅しているときに横断歩道を渡るような緊張感をイメージしてください。

　モチベーションが高いときは、どんどん攻めて、時間設定を厳しくしてOK。逆に、どうもやる気が出ない、というときには、少し時間に余裕を持たせてかまいません。

「ダラダラ仕事をしてしまっているな」「このごろ、残業が多くなってるな」と感じたときなどに、ミッションをクリアーする感覚でやってみてください。

“危機感のある状況”に自分を追い込め！

この仕事、
２時間くらい
かかりそうだな…
１時か…
チャレンジだ
よしっ！
２時30分から外回りに出かけるぞ。
１時間30分でやってみよう！
２時30分までに…
ものすごく集中できます
おおっ！
やればできるもんだな～
達成感～!!

ここがポイント！

ちょっとがんばればできるかも…という
「絶妙なギリギリ感」がコツ

4 鋭い時間感覚を身につける

持っているのはシャープな時計？ ルーズな時計？

誰にでも、一日24時間は平等に与えられています。

それでも、効率よく仕事を片付けて、自分磨きのために勉強したり、人脈を広げたりと、多くのことを成し遂《と》げてしまう人もいれば、なんとなくダラダラと一日を終えてしまう人もいます。

この違いは、どこから出てくるのでしょうか？

僕は「時間感覚（タイムセンス）」の違いからくるものだと考えています。

時間感覚が鋭《するど》い人は、一日を24時間以上のものにできますし、逆に時間感覚が鈍《にぶ》い人は、24時間よりずっと少ない時間しか持てません。

時間感覚が鋭い人というのは、「シャープな時計」を持っていると考えればいいでしょう。逆に、鈍い人が持っているのは「ルーズな時計」です。

シャープな時計を持っている人は、時間をしっかりと意識し、いつもキビキビ過ごしています。余裕を持って「5分前行動」もできます。こういうタイプは、1時間で2時間くらいのことができてしまいます。

逆に、ルーズな時計を持っている人は、時間を意識することが少なく、ダラダラしがちです。行動はいつも時間ギリギリ、遅刻もします。こういう人は、1時間で5分くらいのことしかできないということもあります。

「時間にルーズだなあと自分でも思う」
「遅刻グセがある」
「約束にはいつも時間ギリギリ」
「仕事の締め切りに間に合わないことが多い」

……思い当たる人は、ルーズな時計に縛《しば》られている可能性があります。

1分刻みの待ち合わせで時間感覚のトレーニング！

ルーズな時計を捨て、シャープな時計を手に入れるためには、前の項で述べた「ギリギリ感タイマー」を活用して、時間感覚を鋭くしていくというのも、効果的な方法ですが、もうひとつ、ちょっと面白い例を紹介しましょう。

友だちと待ち合わせをするときは、たいてい1時とか、12時半とか、30分～1時間単位で時間を設定しますよね？

ところが、僕の先輩の経営者に、
「12時19分に待ち合わせしよう」
という方がいました。なんと1分刻みで、時間を設定してきたわけです。半分冗談だったのだとは思いますが、時間感覚が極端に鋭い方でした。

このように、**意識して時間を細かく設定する、というのも、時間感覚を鋭くするためのトレーニングになると思います。**

僕も、この1分刻みの待ち合わせに（半分遊びで）チャレンジしたことがあるのですが、時間に対してピリッとした緊張感を持つことができ、刺激的な体験でした。

待ち合わせのときだけでなく、仕事の区切り、打ち合わせの時間などで試してみるのも面白いと思います。

よろしければ遊び感覚で試してみてください。

“シャープな時計”を身につけよう

ルーズな時計の人

あー
また遅れちゃった

・時間を意識していない
・いつも時間ギリギリに行動
・遅刻が多い

こうなるためには？

時間感覚を鋭くするレッスンをしよう！

シャープな時計の人

時間は
守ります！

・時間を常に意識している
・キビキビ行動する
・「５分前行動」ができる

えっ!?
20分じゃなくて
19分？
12時19分に
待ち合わせね
1時59分から
ミーティングしまーす
えっ!?
なにそれ？

最初はビックリされますが、
けっこう面白いです

ここがポイント！

シャープな時計を持つと、１日を何倍も活かせるようになります

5 こんな「TO DOリスト」は作ってはいけない

ただの箇条書きでは実現性が低くなる

1時限目で、「TO DOリストを作ろう」とお話ししました。

これと矛盾するようで恐縮ですが、作ってはいけない「TO DOリスト」もあるんです！

たとえば、「今日は、これとこれとこれをやって……」というように、やるべきこと、やりたいことをバーッと書き出すのは、よくやりますよね。

こういう、頭を整理するための、ブレーンストーミング的な「TO DOリスト」作りは、もちろん行うべきなのですが、問題はその先です。

バーッと項目を箇条書きにするだけだと、結局できずに終わってしまう、ということが少なからず出てくるのです。

これを防ぐために、僕がやっていることをご紹介します。

リストは必ずスケジュールに落とし込め！

① 項目に番号を振る

「TO DOリスト」に挙がった項目には、必ず番号を振ります。こうすると、ただ点（・）を書いて箇条書きにするよりも、やることがいくつあるか、きちんと認識できるからです。

② 項目を3種類のBOXに分ける

僕の頭の中には、「すぐやるBOX」「あとでやるBOX」「いつかやるBOX」の3つの整理BOXがあります。そこに、「TO DOリスト」で挙がった項目をそれぞれ分けて入れています。

③ 「すぐやるBOX」「あとでやるBOX」のものを、スケジュール帳に書き込む

「すぐやるBOX」に入れた項目は、その場で、スケジュールを組みます。たとえば、「この書類の作成は、今日の午前中にやる」と決めたら、その場でスケジュール帳に書き込み、時間を確保します。

「あとでやるBOX」も同様です。「今月末までに資料作成」などというと、つい予定を組まずに放置してしまいがちですが、これはギリギリになってあわてるモトです。

「1週間後の○日に、資料について考える時間を作る」「2週間後の○日には、資料を書き始める」などと、少し先の予定もすべて組んでおきます。

「いつかやるBOX」のものは、スケジュールに書き込まなくてもいいのですが、僕は常に意識して、時間があるたびに考えるようにしています。1時限目で申し上げたとおり、僕はノートを1冊しか使いませんから、そのノートを見返すだけで「いつかやろうとしているもの」は自然と目に入ってきます。

でも、「すぐやる」「あとでやる」は必ずスケジュールに組み込んで、「TO DOリスト」のままで放置しないことが大切です。

「TO DOリスト」に書いたことを、スケジュールに落とし込むよう常に意識していると、確実に実行できるようになっていくはずです！

TO DO リストはスケジュールに落とし込む

① 挙げた項目に番号を振る

今日のTO DOリスト

① ――――――
② ――――――
③ ――――――
⋮

やることがいくつあるか
一目瞭然！

② 項目を３種類のBOXに分ける

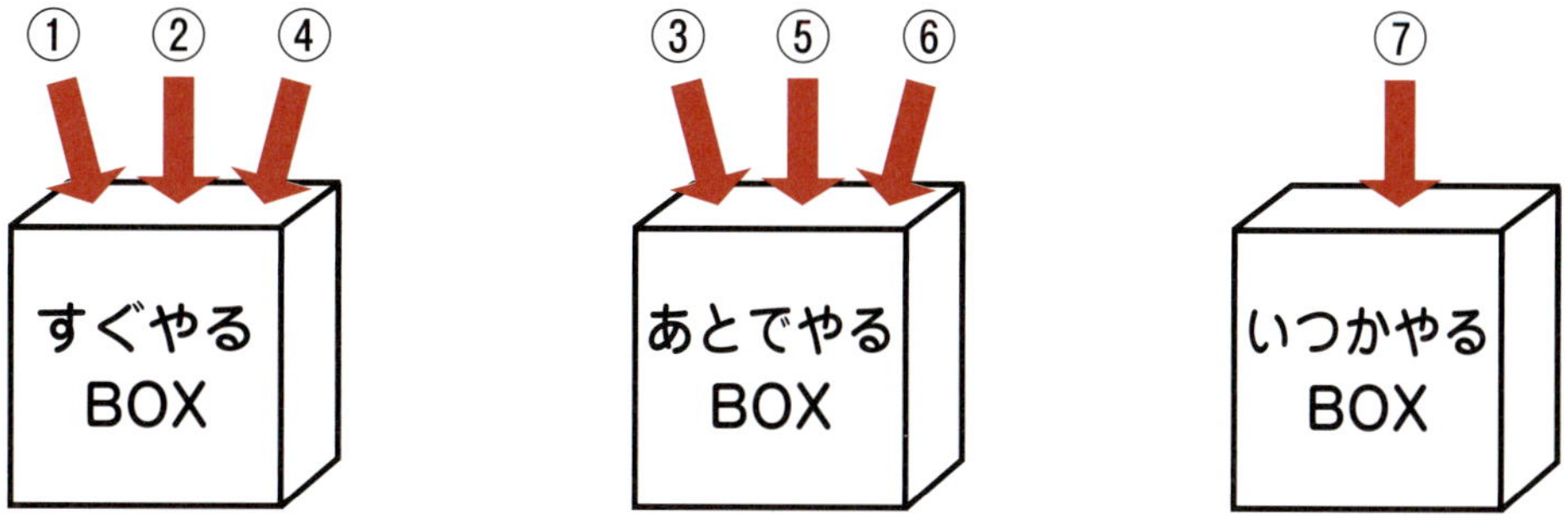
①
②
④
すぐやる
BOX
③
⑤
⑥
あとでやる
BOX
⑦
いつかやる
BOX

③「すぐやるBOX」「あとでやるBOX」に入った項目をスケジュールに書き込む

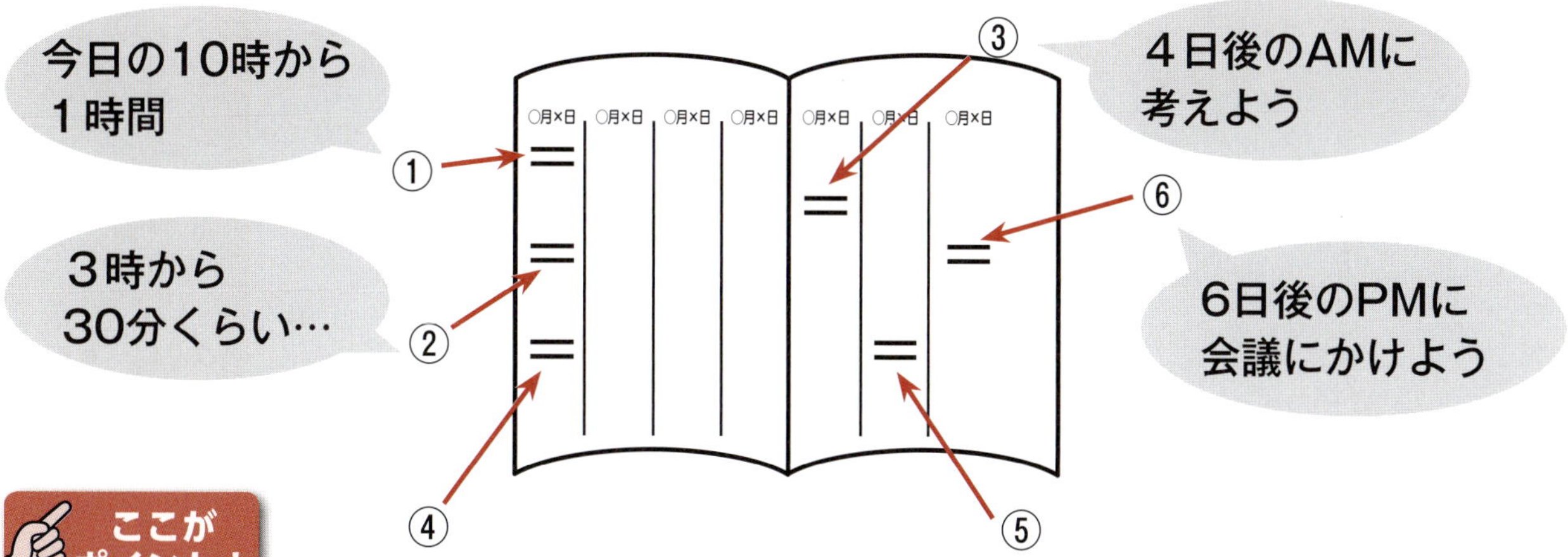
今日の10時から
１時間
３時から
30分くらい…
〇月×日
〇月×日
〇月×日
〇月×日
〇月×日
〇月×日
〇月×日
①
②
③
④
⑤
⑥
４日後のAMに
考えよう
6日後のPMに
会議にかけよう

ここがポイント！

スケジュールに組み込んでしまうことで、“やらずじまい”を防げます

6 スケジュールは一元管理。休む時間もどんどん書き込む！

仕事、プライベート、体調管理を携帯端末で一本化

スケジュール管理は、人によっていろいろなやり方があると思いますが、僕は、iPhoneひとつに絞っています。

手帳は使いません。

iPhoneのカレンダーに、一日の予定、一週間の予定をすべて書き込み、これを社員全員で共有しています。これを見れば、みんなの予定が一目瞭然《いちもくりょうぜん》です。

前の項でも述べたように、僕はやるべきことをすぐにスケジュールに落とし込んでいるので、基本的にスケジュールはぎっしり詰まっています。

おかげで、プライベートの予定もあまりないのですが、プライベートの予定が（たまに）あるときには、スケジュールに「予定あり」と入れておき、スタッフに分かるようにしておきます。

体調管理も、このスケジュールを見ながら調整します。

「この週は出張が重なって講演が5本も入っているから、けっこうキツイな。帰ってきた○日のAMは、絶対に予定を空けよう」というように、**自分がダウンしそうなハードスケジュールのときは、「休む」という予定を入れてしまいます（左ページ参照）。**

素早く判断してその場でスケジュールに組み込む

ただ、仕事というのは自分の思うとおりに進むものではなく、あちらこちらから、「やるべきこと」が降ってきます。

スケジュール調整は、しょっちゅうしなければなりません。とくに、うちはベンチャーですから、いただいた仕事を「やらない」とはなかなか言えない。そこは臨機応変に、柔軟に対応するよう、努めています。

たとえば、昨日は深夜11時くらいに、至急考えなければいけないことが出てきて、夜中の3時くらいまでかかってしまいそうでした。そこですぐに、翌朝10時に入っていた社内の打ち合わせをメール報告に変えてもらいました。

スタッフにはちょっと申し訳ないのですが、常に仕事に合わせて調整しています。

また、「明日までにやります！」と言わないと、ビジネスチャンスを逃すぞ」というときもあるので、そういうときは、徹夜してでもエイヤッとやってしまいます（徹夜は、決しておすすめできませんが……）。

そして、昼寝で睡眠時間を補《おぎな》います。

会社と家が近いので、「よし、今から1時間空けよう」と急いで家に帰り、30分寝てから会社に戻るというのは、僕がよくやっている手です。

緊急の予定が入ったとき、「いつやろうか……？」と迷って、後回しにしてしまい、結局「やる時間がない」「できなかった」となるのが、一番問題です。

その場その場で素早く判断して、スケジュールに落とし込む。「やりたい」と思ったら「すぐやる」、もしくは「いつやるかすぐ決める」。これはベンチャー企業を短いながらも5年間経営してきて身体に染みついたノウハウです。

※iPhoneはApple Inc.の商標です。

私のスケジュール管理法

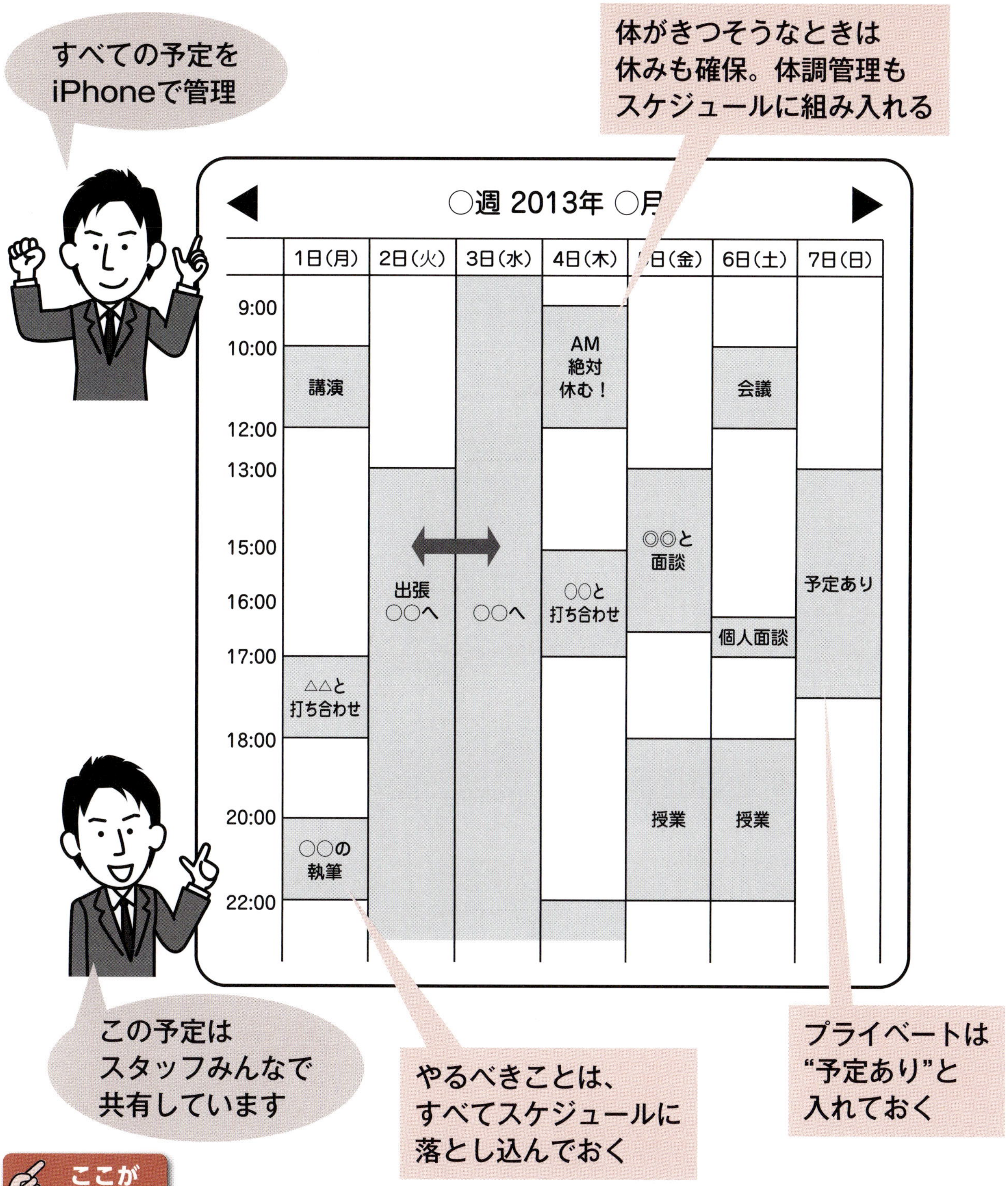
すべての予定をiPhoneで管理
体がきつそうなときは休みも確保。体調管理もスケジュールに組み入れる
○週 2013年 ○月
1日(月)
2日(火)
3日(水)
4日(木)
日(金)
6日(土)
7日(日)
9:00
10:00
12:00
13:00
15:00
16:00
17:00
18:00
20:00
22:00
講演
△△と打ち合わせ
○○の執筆
出張○○へ
○○へ
AM絶対休む！
○○と打ち合わせ
◎◎と面談
授業
会議
個人面談
授業
予定あり
この予定はスタッフみんなで共有しています
やるべきことは、すべてスケジュールに落とし込んでおく
プライベートは"予定あり"と入れておく

ここがポイント！

「やりたい」と思ったら「すぐやる」、もしくは「いつやるかすぐ決める」！

7

一日をブロック分割すれば、だらだらしない

ブロックごとに仕事を割り振って やるべきことをこなそう

スケジュールを決めるとき、**僕は一日を大きく「午前中・昼・夜・深夜帯」の4つにブロック分けして、それぞれに何を入れるかを考えています。**

今はワークライフバランスの時代なので、ハードワーカーの僕のように深夜帯に仕事の予定を入れてしまうのは、あまり理想的ではないかもしれませんが、自分の使えそうな時間をブロックに分けるのは、ご活用いただけるかもしれません。

「今日の午前中には、企画会議が入っているから、昼のブロックでお客さんのところを回ろう。夕方のブロックで、明日の資料をまとめよう」

こんなふうに、ざっくりとでもブロック分けしておくと、その日の大まかな「指針」が決まり、今日一日が何をすべき日なのか、ということが明確になります。

また、あらかじめブロック分けしておくことで、「今日はこの仕事に一日かかりきりになってしまった。なんだかダラダラ終わっちゃったな」ということもなくなります。

ブロックごとに仕事を切り替えることで、目先が変わり、気持ちがリセットできる、というメリットもあります。

やりたいことがある休日も、ブロック分けで充実する

一日をブロックに分ける、という方法は、オフィスにいるときだけでなく、休日にも使えます。

むしろ、休日のほうが有効かもしれません。僕は意志の弱い人間なので、気を抜きすぎるとせっかくの休日を丸一日ダラダラしてしまうことがあります（本当に疲れているときは、あえてダラダラしたりもしますが……）。これは中学・高校時代からやっていたことです。

当時、僕は休日を午前（8〜12時）・午後（13〜17時）・夜（18〜22時）の3つのブロックに分けていました。

普段はそのうちのひとつを勉強に充て、ちょっとしっかり勉強をしたい日には、2つ分充てました。試験前には、3つすべてのブロックで勉強していました。

ただし、ずーっと勉強し続けるのは無理ですから、4時間のうち、1時間程度は休憩します。

このブロック制を導入すると、「勉強しなくちゃなあ」と思いながら、結局丸一日ダラダラしてなにもできなかった！　ということがなくなります。

学生と違って、日頃忙しく働いている社会人の方は、もちろん休日はゆっくりしたいでしょうから、3ブロックすべて勉強に充てる、ということはする必要がないでしょう。

でも、休日に語学の勉強をするとか、なにか啓発的なことを学ぶとか、やっておきたいことがあるときには、この方法をお使いいただけるのではないでしょうか。

「今日は、英語の勉強しようかな」と漠然と考えるより、「午前中に、このテキストの○ページから○ページまでを勉強しよう。午後からは休んで、夜はゆっくり映画でも観よう」などと決めてみると、いつもより少し充実したお休みになるかもしれません。

1日を充実させるために"ブロック制"を導入しよう

ブロックの時間は自分で決めてOK ！

Weekday

時間	ブロック	内容
9〜12	朝ブロック	企画会議
13〜15	昼ブロック	顧客訪問
15〜17	夜ブロック	資料作り

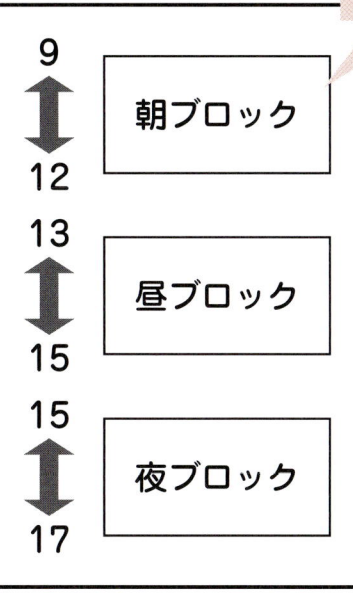

ざっくりと
決めておきます

Weekend

時間	ブロック	内容
8〜12	午前ブロック	英語の勉強（テキスト10ページ！）
13〜17	午後ブロック	休み！（趣味の時間）
18〜22	夜ブロック	映画を観てリラックス

今日は午前の
ブロックを勉強に
充てよう

ここがポイント！

気持ちが切り替わるので、長時間ダラダラやるより効率がいい

コラム④ 眠くなったらどうする？

僕が中高時代に格闘してきた問題のひとつに「仮眠をしてよいか?」という問題があります。

部活から帰ってくると、必ず疲れています。時間帯によっては満員電車に揺られて帰ってきますので、家についたらフラフラです。そのとき、眠さはMAX。

でも、寝てしまったら、そのまま朝になってしまいそう。

また、仮に1時間くらいして起きられたとしても、頭がボーっとしてしまっているかもしれません。ボーっとして、寝る直前に目が冴えてしまい、寝付けなくなってしまうかも……。そんなことを考えていると、気楽には仮眠できません。でも、このままだと頭が働かないし……。苦渋の選択です。

ある日は寝てみたり、ある日は顔を洗って無理して起きてみたり。とにかく繰り返し実験をしてみました。数多くの失敗を重ねながら、僕は気がつきました。それは、以下のことをすれば、「短時間の仮眠」で「すぐに目が覚め」て「夜も寝られる」ということ。

1. 仮眠をする前に緑茶を飲む
2. 仮眠は20分以内にする
3. ベッドでは寝ない

以上の3つです。それぞれ解説をしましょう。

まず、「仮眠をする前に緑茶を飲む」ということ。緑茶には紅茶やコーヒーよりは少量ですが、カフェインが入っていますよね。「カフェインが入っていたら、眠れないんじゃないの?」と思うかもしれませんが、カフェインは飲んでから30分後に効いてくるそうです。よって、起きた直後から効いてくるわけです。これで目覚めはバッチリです。

次は「仮眠は20分以内にする」ということ。これより長い時間仮眠をしてしまうと、起きて目が冴えてくるまでに時間がかかってしまいます。また、体内時計が狂ってしまい、夜に寝付けないことが多くあります。10分~20分という短時間の睡眠は、2時間程度の睡眠に値するということを聞いたことがあります。でも、筋肉の疲労は短時間では回復しませんし、成長ホルモンの分泌を考えると、「22時~翌2時」の時間帯には寝ているのがベストです。

最後は「ベッドでは寝ない」ということ。僕の場合、ベッドで寝てしまうと、熟睡してしまって、気づいたら朝になっていることが多いです。翌朝は後悔してもしきれない気持ちになりますので、どんなにつらくても「ベッドでは寝ない」というルールにしていました。

あまり気持ち良くは寝られませんが、机に突っ伏して寝てみたり、椅子に座って壁に寄りかかって寝てみたり、床で寝てみたりしていました。

いくつかのレパートリーを持っていて、日によって寝方は変えていたのですが、気をつけていたのは「気持ち良く寝られない姿勢である」ということ。万が一熟睡してしまったときの悲劇を想定して、「アンチ安眠」には細心の注意を払っていました。

どうでしょうか。少しはお役に立てるアイディアがありましたでしょうか。

これらは僕が今でも実践している仮眠法です。さらにオススメのアイディアとしては、仮眠が終わり、夜に本格的に寝るときはホットミルクやハーブティーを飲んで、リラックスをしてから寝ると、寝付きが早くなって完璧だと思います。

また、徐々に電気を暗くしていくことも大切ですし、寝る前に携帯やPCを見ていると交感神経が刺激され、寝付きが悪くなるので気をつけてください。

また、寝る前にモノを食べてしまいますと胃に負担がかかり、疲労が回復しにくくなります。夕飯はなるべく消化が良いものがいいですし、夜食もできれば避けた方が良さそうですね。

仮眠を含めた睡眠のタイプは人によって大きく違うと思いますので、上記のアイディアを試してみて「これは使えそう」「これは自分には合ってない」と取捨選択をしてみてください。

5
時限目

どうしたら効率よく勉強できますか？

——人・モノを賢く活用する方法

1

急いで覚えたいことは「暗記ドア」で自分を追い込む

覚えるまではトイレに入れない!?

僕は学生時代、中間・期末テストや大学入試の前などに、

「家のドアに付箋《ふせん》を貼って覚える」

という方法を実践していました。

覚えたいことを大きめの付箋に書き、家のドアに貼るのです。

名づけて「暗記ドア」。

なぜ、ドアに貼るのか？　それは、「これを覚えなければ、そのドアを開けてはいけない」という〝マイ・ルール〟を作ったからです！

こんなルールを作ると、何が何でも覚えなければいけないので、強制的に頭に入ります。

「シェイクスピアの四大悲劇は？　オセロ、ハムレット、マクベス、リア王。――よし！」とドアを開ける感じです。

とくに効果的なのは、トイレのドアです。覚えなきゃトイレに行けない！　という状況なので、危機感とともに、必死で覚えるようになるのです。

もちろん、自室からトイレに行くまでには、いくつものドアがありますから、そこも突破しなければならないのですが……。

これは、スリルがあって面白いですし、実際にかなり覚えられるので、おすすめです。

ドアの裏側にも付箋を貼ると、トイレから出て自室に戻るまでの間にも、いくつか覚えることができます。

こちらは緊張感というよりは、安堵《あんど》感とともに覚える感じですが……。

アイディアが出るまでトイレに入れない!?

暗記物でなくても、ドアに付箋を貼る、というのはいろいろなシーンで活用できるのではないかと思います。

たとえば、仕事でアイディア出しをしなくてはならないとき、ドアに「○○についてのアイディアを出す」と貼っておき、なんらかのアイディアが出るまでは、そのドアを開けてはいけない！　というのもいいですよね。

トイレのドアだと、切羽《せっぱ》詰まって、意外に面白いアイディアが飛び出してくることもあるかもしれません。

ドアに付箋が貼ってあると、トイレに行くたびに、そのことを思い出すので、繰り返し考える機会が持てるのもメリットです。何回も考えているうちに、いい案が浮かぶこともあるでしょう。

このほか、付箋に「忘れてはいけないこと」を書いて貼っておくのもいいでしょう。

「今日はやることが多くて、なんか忘れちゃいそうだな」と思ったことを、ドアに貼っておくと、通るたびに思い出すわけですから、忘れずにすみますよね。

この方法は、自分を追い込みたいときに集中してやるとか、「○日まで」と期間限定でやったほうがいいと思います。

毎日やると、緊張感でかなり疲れますから……。

こういう強制的な「仕組み」は、楽しくやれることが前提なので、無理せずゲーム感覚で続けられるものがいいと思います。

ドアに付箋を貼って自分を追い込もう

えーっと
早く
しなきゃー！
TOILET
「売上債権」とは
何か？
説明せよ
販売後、
一定期間の後に
支払われるもので…
TOILET
答えを言えたら
開けてもOK！
ドアの裏側も…
include—含む
exclude—除外する
単語を覚えたら
出よう

ここがポイント！

期間を限定し、ゲーム感覚で楽しみながらやろう

2 〝教師〟になれば、苦手分野がするすると頭に入る

よくわかっていなくても「教えてあげるよ」と言ってみる

苦手分野の知識を新人に解説してやってくれ、と言われた。だけど、人に教えるなんてとてもできない！　自分だってまだ、教えてほしいくらいなのに……。

「自分なんて、まだまだ」と思っているのに、人に教えなくてはいけない立場に立たされる。そんなときは、「どうしよう！」と戸惑うものですよね。

でも、人に教えるというのは、願ってもない成長のチャンスなのではないかと僕は考えています。

これは学生時代の、僕の体験談です。

高校1年生のとき、数学の得意な友人Tが、僕に「分からない問題ない？　教えてあげるよ」と親切にも聞いてくれました。僕は数学があまり得意ではなかったので、喜んで教えてもらっていました。

ある日、Tは僕に「数学ができるようになりたかったら、僕が教えた問題を他の人に教えてみるといいよ」と言ったのです。

半信半疑で、僕よりも数学のできない友人Sをつかまえ、「分からない問題ない？」と聞いてみると、ぜひ教えてくれとのこと。

Sは中学の最初のほうからできていなかったので、最初のうちはラクに教えられたのですが、だんだんSの理解度が深まるにつれ、質問が増えていきました。

ときには、聞かれても「えっ、分からない……」と動揺《どうよう》してしまうことも……（「分からない」では恥ずかしいので、時間稼《かせ》ぎをしながら必死に考えていましたが）。

でも、教えていると、「なるほど、Tの言うことはもっともだな」と納得しました。

人に教えるためには、自分が本当に理解していないとダメなので、**教えることで、自分の理解度がチェックできるし、頭の中を整理することもできます。**

教えることとは、自分にとっても、すごくプラスになるのです。また、1時限目に申し上げましたが、**教えたという体験がエピソード記憶として頭に残りやすくなります。**

分かりやすい言葉で伝える技術も培われる

高校1年生のときに学んだ勉強法を今でも僕は続けています。これが意外と有用だったりします。

人に教えることは、自分のできているところ、できていないところを、改めて見直すきっかけになります。

また、人に教えるためには、分かりやすい言葉で伝える必要があります。

相手に、いかにして分かってもらうか、考えて言葉を選び、話し方を工夫する。

これもまた、ビジネスには重要な能力ではないかと思います。ひょっとしたら、「教える人」が一番学んでいるのかもしれませんね。

人に教えるといろいろなメリットが…

部下に積極的に教えよう！

この業界の
流通のしくみは…
なるほど…
部下

教えることで得られるメリット

あわわ…
○○について
教えてください

① きちんと教えられるかどうかで自分の理解度が分かる

この場合の
ルールは…

② エピソード記憶として頭に残りやすくなる

どう言ったら分かって
くれるだろう？
?

③ 相手に伝える能力を鍛える

ここがポイント！

苦手分野ほど“教師役”を買って出よう

3 暗記物は「突っ込んだクイズ」で楽しく攻略

暗記は一人でやっても面白くない。人と一緒にやるのがおすすめ

「学生時代、暗記物に苦労したなぁ」という方は、けっこう多いのではないでしょうか？

　社会人になると、さすがに暗記事項は減ってきますが、それでも覚えておかなくてはいけないことが、いろいろありますよね。

「会計の専門用語が覚えられない」とか、「商品知識が、いまひとつ頭に入らない」など、会社生活を送るうえでの必須事項が覚えられずに困るのは、よくあることだと思います。

　1時限目でも、覚え方についてはいくつかお話ししてきましたが、ここでは、「人の助けを借りて」覚える方法をご紹介しましょう。

　そもそも、暗記物って、一人でやっていると面白くないんですよね。そういうときは、僕はいつも人を巻き込んで一緒にやってもらっています。

　僕が学生のころは、定期テスト前などに、よく友人と一緒に暗記物を「攻略」していました。

といっても、一緒に覚えるのは、あまり効率が良くないので、まず家で覚えます。

それから、学校でお互いに問題を出し合うのです。

ただし、問題の出し方には2つコツがあります。

それは、

①重要なことを問題にする

②ちょっと難しい問題にする

というものです。

「江戸幕府が開かれたのは何年？」などと、単純な一問一答だけではつまらないので、もう少し、突っ込んだ問題を作るのです。

たとえば、「鎌倉幕府と室町幕府を比較して、政治体制はどう変わった？」という感じです。こういう問題に答えられるか否《いな》かで、丸暗記でなく、本質的に理解ができているかどうかが分かります。

　問題を出し合うというのは、出題されて答える側はもちろん、問題を作る側も勉強になるので、お互いにとって、いい方法です。

ひとつの場面としてセットになるので、記憶に残りやすい

　最近、僕は会計（管理会計）の勉強をやり直しているところなのですが、社内の興味ありそうなスタッフを巻き込んで、一緒に勉強し、問題を出し合っています。

　人と一緒に覚えると、

「あっ、あのとき○○くんと問題を出し合ったな」

「◎◎さんが、あんなこと言ってたっけ」

「俺、これがなかなか覚えられなかったんだよな～」

などと、さまざまな印象が残っているので、忘れにくくなります（エピソード記憶ですね）。

　単純な暗記物は、日常のシーンで、そう多くはないかもしれませんが、ときには人と一緒にこんな機会を作るのも良いのではないでしょうか。

“クイズの時間”を作ろう

この商品の
ランニングコストは？
この商品が
他と比べて
優れている点は？
この商品の
デメリットは？

商品知識について問題を出し合いつつ、課題を検討

あのとき、
みんなで問題
出し合ったよな～
うちの社の商品は
A社の商品と比べると…
おかげで商談も
スムーズに運ぶぞ
カタログ
お客さま

ここがポイント！

体験とセットにすれば、記憶として残りやすい

4 読んだ本がムダにならない読書法

3ページ読んで捨ててもOK!?

先述の通り、僕は読書が好きなので、仕事の本、趣味の本も含めて、年間300冊くらいは読んでいます（もちろん、たくさん読めばいい、というわけではありません）。

起業当時、月収10万円だったときも（家も借りられず、会社に寝泊まりしていました）、収入のほとんどを「自己投資」として本代につぎこんできました。

「収入のほとんどを投資しているのだから、絶対にこれをムダにしたくないな」と常に思ってきました。

ここでは、そんな僕の読書法をご紹介したいと思います（ただし、これはビジネス本の読み方です）。

① 自分に置きかえながら読む

本は、自分に置きかえながら読みます。

たとえば、ビジネスの成功者が書いた本を読むときには、「この人はどういう経営をしているのだろう?」とケーススタディとして読みつつも、「自分の会社だったらどう活かせるだろう?」「うちの社のAさんとBくんの例で考えると、どうなるだろう?」と自分に引き付けて考えます。

② ひらめいたら書く

読みながら、「この方法は役立つな」「これは使える!」とひらめいたら、いったん本を脇において、ノートを開きます。「自分の会社ではどう活かせるか」を考えながら、何か新しい仕組みを作るなら「どんな仕組み」を「いつ」作るのか、担当者は「誰」にするのかなど、ひたすら書きます。そのままその本のことを忘れてしまうこともあるくらい、書くことに集中します。得た知識や知恵はすぐ使うのです。

③ 全部読まなくてもOK

仕事などの悩みや問題を解決したい、と思って本を読む場合には、始めから終わりまで読み通す必要はないと思っています。

本を読むときのミッションは、「一冊読み終えること」ではなく、僕の場合は「会社を良くするためのヒントを得ること」なので、自分の抱えているモヤモヤが解消できれば、その本の役目は終わったと考えます。

極端な話、3ページ目で終わっても、自分の問題解決ができれば、OKです。

④ 付箋を活用する

本を読むとき、線は引きません。線を引くと、あとで読むときに、そこだけしか読まなくなってしまうからです。かわりに、チェックしたいところに、付箋を貼ります。

あとで気になることがあってその本を読み返すとき、付箋をたよりに、内容を思い出すのです。そのとき、「もう不要だな」と思う付箋ははがし、新たに気になるところがあったら、貼り足します。

僕の場合は、自分の経営する会社ですので、仕事に関係する読書にも自然と真剣になっているのかもしれませんが、目的意識を持って読むと、「役立つ」度合いはきっと違ってくるはずです!

本は読み流さずに、自分のモノにしてしまおう

①「うちの会社だったら？」「このとき、自分だったら？」と考えながら読む

僕だったら
どう行動するかな？

② アイディアがひらめいたらメモする

このアイディア
は使えそう！

③ 全部読まなくてもOK

探し求めていた
ノウハウを発見！
51
50
P.51からは読ま
なくてもいいか

④ 気になる箇所には付箋を貼る

小さなもので
OK

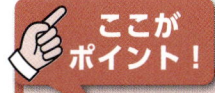

ここがポイント！

本も“能動的に”読めば頭によく入ります！

5 かばんの重さに比例して、ストレスの量は増加する

最小限に絞る努力で、判断力が鍛えられる！

僕が仕事で持ち歩くかばんは、ものすごく軽いです。なぜなら、

「かばんの重さに比例して、ストレスの量は増加する」

と考えているからです。なので、荷物は少なくするよう、常に意識しています。

ちょっと中身をご紹介すると……。

① 資料類

持ち歩く資料類は、その日使う資料のみ。数日後の打ち合わせなどで必要な、「絶対に忘れてはいけない資料」を、あえてかばんに入れっぱなしにしておくこともありますが、基本的にはあれこれ持ち歩きません。

② ノート1冊

1時限目でもお話ししましたが、自分の頭の中を整理するノートは、常に1冊に集約しているので、これを持ち歩きます。なにかあれば、このノートに書きます。

③ 携帯端末

スケジュールの管理はすべてiPhoneでやっているため、手帳類などは必要ナシ。

パソコンも持ち歩きません。

僕はノマドワーカーのようなスタイルが苦手なので、資料を作る必要があれば、すぐ会社か家に戻るようにしています。

出張のときも、できる限りパソコンは持っていきません。僕の場合、パソコンを眺めていても、仕事をしている「つもり」になっていることが多いので、メールの返信だけはiPhoneで済まし、あとは出張から戻ってからやるようにしています。

④ 本1冊

持ち歩く本は、吟味して1冊に限定しています。どうしても必要なときは、2冊持つこともありますが、それは例外的。

出張のときでも、1冊です。

ただし出張は、考える時間を長く取るチャンスなので、すぐに読み終わらないような本を持っていきます。仕事の本で言えば、じっくり考えられるような経営の本などですね。出張中はノートに書きまくっています。もちろん、小説を持っていくこともあります。

⑤ チョコレートなど

チョコレートに限りませんが、疲れたときのために、甘い物は必ず入れています。

荷物が多い人は、「持ち歩いていないと、何かあったときに不安だ」という気持ちがあるのだと思います。

本を何冊も持ったり、「読むかもしれない」と資料をあれこれ持ったり……。

でも「もしかして使うかも」と考えたら、キリがないので、僕は、何事も最小限にしています。いわゆる〝ミニマリスト〟なのかもしれません。

最小限に絞るためには、「なにを捨てるか」という判断を、常にしなくてはなりません。この判断力は、鍛《きた》えていないと鈍ってしまうものです。

かばんを軽くするのは、いまや、判断力を鍛えるための、僕のミッションになっています。

かばんの中身は最小限!

何を捨て、何を持つかを
常に吟味しよう！

① 資料類

その日使う
資料のみ！

② ノート１冊

・仕事上のメモ
・自分のアイディア
・本を読んで思うこと…
etc.

なんでも
コレに書きます

③ 携帯端末

スケジュール管理は
すべてコレでOK ！

④ 本は１冊のみ

経営の本
出張のときは
難しめのものを
１冊！

⑤ 甘いもの

CHOCOLATE
糖分は
必需品！

ここが
ポイント！

極力荷物を少なくする意識が、判断力を鍛えてくれる

6

周囲の「できる人」に、頭の枠をはずしてもらう

一人で考えていると頭が固まってしまう

「どうしても現状を打開できない」と悩んでいるとき、あるいは、一人でモンモンと考えていて、煮詰まってしまったとき。

あなたなら、どうしますか？

僕は、人の力を借ります。といっても「助けてくれ！」と泣きつくわけではありません。

一人で考えていると、どうしても頭が固くなってくるので、それをほぐす手助けをしてもらうのです。

僕が高校1年生のときでしたが、友人から衝撃的な救われ方をしたことがあります。

当時、私は「チャート式問題集」という、分厚い数学の問題集を解いていました。

でも、数学が苦手だったため、時間ばかりかかってなかなか進みません。数百問もある難問を前に、何ヵ月もがんばってみましたが、終わりません。

そこで、学年トップの友人に、

「チャートって、1冊どのくらいかけて解いた？」

と聞いてみました。すると彼は、

「1冊あたり、2日だよ」

と答えたではないですか！

えっ、2ヵ月の間違いじゃないの？　と思わず耳を疑いました。

今思えば、どうしてそんな神ワザのようなことが可能なのか、聞いてみればよかったのですが、そのときは驚きのあまり、なにも聞き返すことができませんでした。

でも、この友人には本当に感謝しています。

「この問題集を2日で終わらせる人が存在するんだ！」という衝撃を与えてくれたことで、僕の頭にある「枠」が一気に取り払われたからです。

おかげで、「こんなにダラダラやってちゃダメだな」と奮起《ふんき》し、2日は無理でしたが、数週間でなんとか無事にこなすことができました。

彼の話を聞かなければ、挫折していたか、ズルズルと続けて終わらずじまいだったかもしれません。

周囲の人の一言が事態を打開するヒントになる！

人は誰でも、必ず自分なりのオリジナルなやり方を持っています。

でも、なにかの拍子で壁にぶつかってしまったとき、いつもと同じやり方ではどうしても乗り越えられないことがあります。

そんなとき、自分を縛《しば》る「枠」のようなものを、誰かに取り払ってもらうのは、すごく有効なことです。

「どうもうまくいかないなぁ」というときには、周囲の人にSOSを発してみてはどうでしょうか。

声をかける人は、仕事のできる人がいいと思います。あるいは逆に、日頃敬遠している人とか、あまり話をする機会のない異業種の人に話を聞いてみると、思わぬ発想の転換につながる可能性もあります。

「俺だったらこうするよ」

という、ちょっとしたひとことが、状況を打開するヒントになるかもしれません。

人を利用して発想を転換しよう

人に
聞いてみよう！
ここしばらく
契約が取れないなぁ
営業マン
みなさんは
どうしてます？
オレは
売り込みはしないよ
トップセールスマン
の先輩
それなのに
あんな件数を！
とくにフォローなんて
したことないよ
近寄りがたい
Bさん
ではどうやって
関係を!?
家電業界では
こんなやり方を
してるけど…
異業種の
Cさん
へぇ～
新しいな

ここがポイント！

自分のやり方で壁にぶつかってしまっても、
他の人が突破口を知っているかもしれない

著者略歴

清水章弘（しみず　あきひろ）

株式会社プラスティー教育研究所代表取締役。

1987年千葉県船橋市生まれ。海城中学高校、東京大学教育学部を経て、東京大学大学院（教育学研究科）に進学。中学高校時代は生徒会長、サッカー部、応援団長、文化祭実行委員などを経験しながら東京大学に現役で合格。大学では体育会ホッケー部に所属し、週5日練習するかたわら、20歳の時に、勉強のやり方や時間の使い方を含めた、「学ぶ力」を育てる学習塾・プラスティーを設立。若手起業家として注目を集め、2009年、「NEXT ENTREPRENEUR 2009 AWARD」優秀賞を受賞。大学院にて教育学を研究しつつ、雑誌への寄稿、全国の学校での講演など、多岐にわたる活動を行なっている。2012年より青森県三戸町教育委員会学習アドバイザーにも就任。

主な著書に、『習慣を変えると頭が良くなる』『勉強がキライなあなたへ』（以上、高陵社書店）、『自分でも驚くほど成績が上がる勉強法』（実務教育出版）など。著書は電子書籍を合わせて累計10万部を突破し、海外でも翻訳されている。

装丁――阿部ともみ［Esss&］
イラスト――久保久男
編集協力――ST情報研究所

ビジネスでも、資格取得でもすごい効果！

現役東大生がこっそりやっている、頭がよくなる勉強法

2013年4月1日　第1版第1刷発行
2015年5月28日　第1版第16刷発行

著　者　清水章弘
発行者　小林成彦
発行所　株式会社ＰＨＰ研究所
東京本部　〒102-8331　千代田区一番町21
エンターテインメント出版部　☎03-3239-6288（編集）
普及一部　☎03-3239-6233（販売）
京都本部　〒601-8411　京都市南区西九条北ノ内町11
PHP INTERFACE　http://www.php.co.jp/
組　版　朝日メディアインターナショナル株式会社
印刷所　大日本印刷株式会社
製本所　東京美術紙工協業組合

ISBN978-4-569-81018-8